第1～13話まで使用された空いた口元が特徴的なAタイプのマスク。なぜ口が開いているのか、古谷氏から意外な証言が！（62～63ページ参照）

一番長く使用された（第14～29話）Bタイプ。少し出張った目とシャープな顔の線が特長

肩や胸の筋肉がより強調されたCタイプ（第30～39話）。最も馴染みのある造形かも

ジラース

腰の捻りを効かせた左ストレート（ウルトラパンチ）がジラースの顔面を貫く

ゴモラ

今や伝説となっているゴモラとの大阪城決戦。視聴率37%を記録した

ザンボラー

ザンボラーのような四足怪獣との戦いでは、重さが常にウルトラマンを苦しめた

シーボーズ

子供たちが初めて感情移入できた怪獣がシーボーズなのかもしれない

ギャンゴ

一見、弱そうに見えるギャンゴだが、決着はつかず引き分けに持ち込んでいる

アントラー

猫背のファイティングポーズ。まんまエヴァンゲリオン初号機の後ろ姿である

ゼットン

必殺技をことごとくゼットンにはね返されたウルトラマン。
負けるべくして負けた一戦ともいえた

ケロニア

隠れた名勝負の
ケロニア戦。互い
に持てる力を出し
切った一戦だった

ダダ

ダダの魅力は三面ある顔。
変幻自在に顔も身長も変えられたが強さには直結していない

ジャミラ

子供よりも大人たちのほうがジャミラに同情しすぎて茶の間で涙した

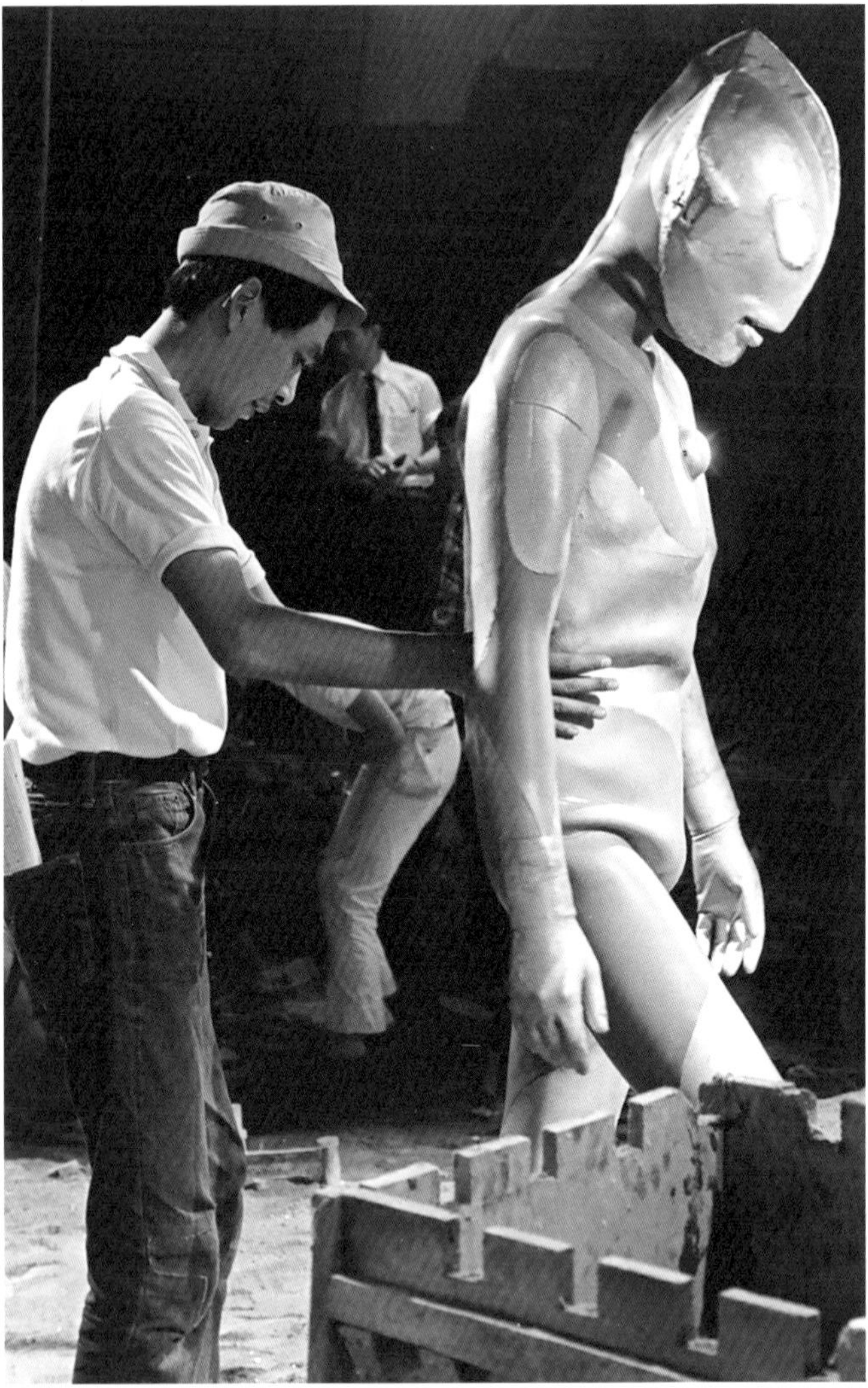

背中のチャックが閉まった瞬間、古谷敏はひとりの宇宙人、ウルトラマンとなる(54〜59ページ参照)

完全解説

ウルトラマン不滅の10大決戦

古谷 敏
やくみつる
佐々木徹

Furuya Satoshi
Yaku Mitsuru
Sasaki Toru

a pilot of wisdom

はじめに　前夜祭「２０２０年から来た怪獣」ケムール人がウルトラマンに

２０１９年12月――。

スポーツ紙の芸能欄に載っていた１枚の写真。思わず目が奪われる。ウルトラマンが立っていた――。でも、なにかが違う。なんだ、この違和感は！

あ、そうか、そういうことか。そのウルトラマンにはカラータイマーがなかったのだ。写真は公開調整中の、庵野《あんの》秀明が企画を務める映画『シン・ウルトラマン』の宣材らしく、成田亨《とおる》氏の目指した本来の姿を志向した結果のデザインコンセプトのようだ。その他、今現在判明しているのは、主演の斎藤工《たくみ》ほか豪華キャストが揃《そろ》い踏みしていることくらい。

ただ、すでにネットを中心に期待は膨らみまくっている。なにせ企画・脚本が『エヴァ

胸にカラータイマーがないだけで世間がザワついた
©2021「シン・ウルトラマン」製作委員会　©円谷プロ

ンゲリオン』を生み出した庵野秀明だ。彼が総監督を務めた、あの『シン・ゴジラ』の完成度の高さを見れば、まったく新しい観点からのウルトラマンが作り上げられるのは間違いない。

これまでのウルトラマン・ワールドの固定観念をぶち破る。その覚悟のひとつがカラータイマーなきウルトラマンになる……のか？

それにしてもだ。カラータイマーがない。それだけで、どの世代もなにかしらの反応を見せる。放送開始から半世紀以上が経《た》ってもなお、ウルトラマンをキーワードに各世代が思い出に耽《ふけ》り、新しい感慨を抱く。

まさにウルトラマンは〝語り継がれる永遠

の正義の味方〟と評してもよいだろう。

今やその人気と影響力は国内にとどまらず、アメリカ、アジア各国で頻繁に出演者たちのサイン会を中心としたイベントが催されているほど。ではなぜ、これほどまでにボクたち……地球人の心の奥底にウルトラマンはどっしりと根を張り続けているのか。なぜ、50代、60代の日本人、いや地球人は今でもウルトラマンを目にすると胸が躍り、ときに涙してしまうのか。なぜ、若いネット世代は半世紀前の作品ひとつひとつに新しい見解を探し出し、積極的に語り合おうとするのか。

そこで――。

ウルトラマンに関する、多くの「なぜ」を解き明かすべく、ウルトラマンになった男、ウルトラマンの中に入りスーツアクターとして戦った古谷敏《ふるやさとし》と、ウルトラマン・リアル視聴世代の代表として漫画家やくみつる、そしてプロレスにやけに詳しい物書きの佐々木徹が徹底的に語り尽くす『ウルトラマン不滅の10大決戦』を開催。それもウルトラマンと怪獣、宇宙人との戦いにフォーカスした語り合いだ。

なぜウルトラマンの戦いをテーマに語り合うのか。それは、ウルトラマンの戦いが単なる勧善懲悪ではなかったがゆえに、そこからなにかが見えてきそうな予感がするからだ。

ウルトラマンはなんのために戦ったのか、なにを守ろうとしたのか、それこそ戦うことが正義だったのか。

さあ、今一度、半世紀前に。アーリー・ウルトラマンの世界へ。

1966年7月17日午後7時の茶の間に戻ろう——。

佐々木徹

西暦2020年夏、私はウルトラマンに会った。ウルトラマンのスーツこそ着ておられなかったが、私の眼前に現れたその人は、ウルトラマンそのものであった。
とてもスリムで高身長（40ｍこそないものの）。が、圧倒的にカッコいいシェイプより、まず私の目に飛び込んだのは、そのシュッとした鼻筋であった。瞬間、私は思った。こんなに鼻が高くて、マスクをかぶる際に邪魔にならなかったのだろうか。
人間、強く緊張を強いられるときほど、こんな余計なことを考えるものなのか。その高い鼻の主は、もちろんウルトラマン＝古谷敏さんである。古谷さんは、一瞬にして小学2

年生に戻ってしまっていた私を、ことのほか優しく招じ入れてくれた（不遜にも私のほうが入室があとだったのだ）。

今、私はあのときのウルトラマンと正対している。もちろんこれからたくさんお話をうかがわなければならないのだけれど、私の心のカラータイマーはとうに赤に変わり、このまま昇天しかねないほど打ち鳴らされている。

それもそのはず。『ウルトラマン』初回放送時の昭和41年夏、私は東京都世田谷区立深沢小学校の2年生。前作『ウルトラQ』とともに、ド真ん中の「Q・マン世代」なのだった。級友の多くがそうだったように、まあ、ハマりにハマった。当時、私の家には脚付きの旧式の白黒テレビしかなかったが、その丸っこい小さな画面をそれこそ食いつくように観《み》ていた覚えがある。家庭用ビデオなど考えもしなかった時代、初見で怪獣の絵を描けるようにしておきたい。その一心であった。もちろん少年漫画誌などではしばしばグラフ記事の題材にもなっていたし、それらを参考にもできたはずだが、まだ貧しかった時代、少年誌は床屋の待ち時間に読むのがせいぜいで、必然的に、放映一発勝負での怪獣観察であった。そのおかげで、今でも大概の「Q・マン」の怪獣はソラで描くことができる。

そんなド真ん中世代にとって、ウルトラマン本人に会ってお話をうかがえる。まさに光の国からの贈り物。コロナ禍でろくに外へも出られず、鬱々と巣籠もりを強いられるはずだった２０２０年夏に、突如舞い込んだ重大任務。それは私のまったくの独断で選んだ「不滅の10大決戦」をもとに、ウルトラマン＝古谷敏さんに死闘を述懐していただくというものであった。当時のマスクの下の荒々しい息遣いが、ソーシャルディスタンスを置いた数m先から聞こえてくるような、生々しい証言の数々。当時をリアルで体験した同輩諸氏はもちろん、後年ウルトラマンに魅了されていった、若い世代の方々にもぜひお楽しみいただきたい。

追記

冒頭、大仰に書きだした「２０２０年」は、古谷敏さんをウルトラマン起用へと導いたケムール人がタイムスリップの起点とした「未来」でもある。時は流れ、その「未来」が「現実」となったその年に、ケムール人本体とも出逢《であ》えた奇跡も、実はウルトラマンと対面したのと同様に、感極まる一大事なのだった。

やくみつる

佐々木　全国3000万人（推計）のウルトラマン、特撮ファンのみなさま、こんばんは（日テレアナウンサー時代における徳光和夫のプロレス実況中継風に）。今宵《こよい》からお届けするのはウルトラマンVS.怪獣の壮絶な格闘シーンにスポットライトを当て、10位から栄光の1位までのランク付けにトライした『ウルトラマン不滅の10大決戦』でございます。

この歴史に残る、画期的な試みに参戦していただくのは「Q・マン世代」の代表として、今回のベスト10を選定した漫画家のやくみつるさん。そしてもう御一方は「ウルトラマンになった男」、そうです、ウルトラマンのスーツの中に入り、全39話、地球の平和のために戦い続けた不屈の男、古谷敏さんです！

古谷　そんな大袈裟《おおげさ》な（笑）。

佐々木　そして司会進行は、初めて目にした再放送の第33話「禁じられた言葉」で、メフィラス星人にならなら地球をあげちゃってもいいや、と罰当たりなことを真剣に考えていた、物書きの佐々木徹が務めさせていただきます。

やく　プロレスに造詣が深いんでしょ？

佐々木　一応、取材を通し、生前のジャイアント馬場さんからプロレスのイロハの〝イ〟

を教えてもらっております。というわけで、以上、この3名で『ウルトラマン不滅の10大決戦』をお届けしてまいります。なにより、やくさん――。

やく　はい。

佐々木　ウルトラマンと怪獣の格闘シーンだけに特化した解説はこれまでに――。

やく　なかったように思います。私の知る限り、書籍などでもなかったはず。

佐々木　ですよね。ウルトラマン誕生秘話などを追った解説本やウルトラマンの世界観を描いた書籍、怪獣・宇宙人のカタログ雑誌などは目にしますけど、ウルトラマンがなぜ、あの怪獣に対して相撲技を出さねばならなかったのかを解説した本はありません。

やく　このたび、古谷さんと対談させていただくにあたり、『ウルトラマン』全39話を今一度つぶさに拝見しなおしました。とりわけ、この書籍のメインテーマである格闘部分に関しては、所要時間の計測にはじまり、繰り出した技の分類、決まり手の確認などを行ないました。必殺技のスペシウム光線が最多の決まり手となっていることは論を俟《ま》ちませんが、その他にも多種多様な技をウルトラマンは毎回繰り出している。今回改めて気づいたことなんですが、スペシウム光線の効きをよくするためか、対戦相手の怪獣の体力を殺《そ》ぐ段階では、相撲や柔道、プロレスの技を多用しているんですね。ここらは必然的に演じられる古谷さんの〝地〟の部分が垣間見《かいまみ》えるところなのではないかなと。

佐々木　というわけで、この対談では、そういう戦い方、技の出し方、決戦中の心理状態にまで迫って考察していきたいと思っています。というのも、実はウルトラマンの戦い方が、のちの各分野、映画とかアニメとか、いろいろなところに刺激と新たな創作を与えていることが判明しているからなのです。その詳しい話はおいおい順位の発表とともに明らかにしていきたいと思いますが、まずは本題に入る前に、やくさん、今年2020年といえば……。

やく　ケムール人です。1966年5月8日に放送された『ウルトラQ』第19話「2020年の挑戦」に登場。

古谷　それがきっかけで、僕はウルトラマンに入ることになるわけですから、思い出深い作品ですよね。

佐々木　そのケムール人のボディラインの美しさに魅了された『ウルトラマン』の美術総監督・成田亨さんが「コイツしかいない、ウルトラマンは古谷敏しかできない」と制作側にゴリ押ししたのは有名な話でして。
古谷　別にゴリ押ししなくてもよかったんですよ、本当に（笑）。僕は顔を出した俳優としてがんばっていた時期でしたから。映画で主役を演じたい、恋愛映画の主人公役を演じたいという夢もありましたし。なのに、成田さんに呼び出されて彼の工房に行くと、いきなり有無を言わさずマスクの型を取られて。以来、ウルトラマンのスーツの中にピッタリ入れるのは、僕しかいなくなった（笑）。
佐々木　それが運命というものです。
古谷　やくさんは「2020年の挑戦」をリアルタイムでご覧になった？
やく　もちろんです。小学校2年生のときに。

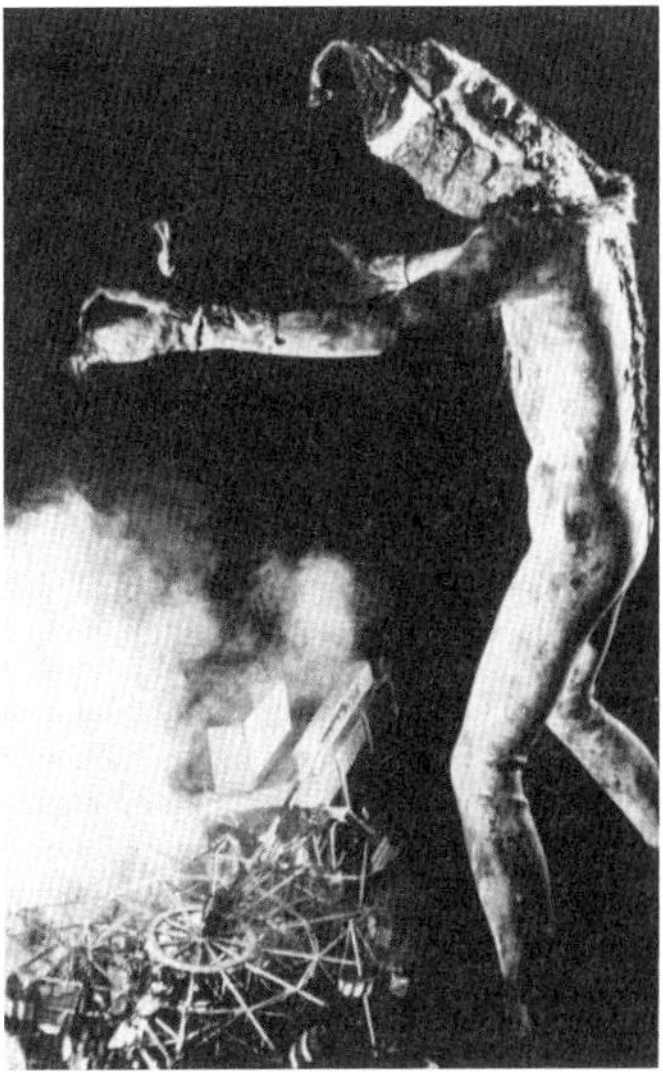
このプロポーションが成田氏の目に留まり、古谷ウルトラマンが誕生した

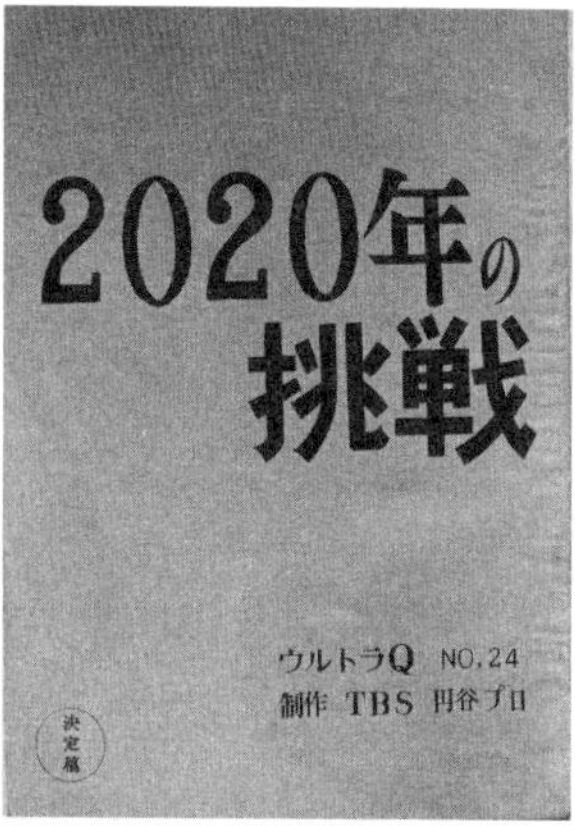

ケムール人が登場する回「2020年の挑戦」の台本

古谷　じゃあ、怖かったでしょう？　『ウルトラQ』は。あのモノクロの映像がね。

やく　独特なイメージがありましたから。

古谷　後年、カラー化されたけど、迫りくる怖さという面ではモノクロのほうが説得力もあったし。

佐々木　えぇっと、なかなか本題に入れないのですが、そろそろ第10位の発表を。

古谷　いいじゃないですか、今回は前夜祭にしましょう（笑）。本編でも前夜祭が放送されていますしね。

佐々木　1966年7月17日に放送された記念すべき第1話「ウルトラ作戦第一号」の前週に「ウルトラマン前夜祭　ウルトラマン誕生」が茶の間に届けられています。

古谷　それもね、苦し紛れだったというか（笑）。制作が間に合わなくて。なぜ、制作が間に合わなかったのかは、おいおい語っていきます。

佐々木　はい、存分に語っていただければ、こんな幸せはございません。それにしても、やくさん、たまらんですよね、ソーシャルディスタンスを取っているとはいえ、目の前に古谷さんがいらっしゃるのって。

やく　どうしよう、とうとうウルトラマンに会っちゃったよっていう感じです（笑）。私、子供の頃から憧れだった大鵬《たいほう》さんにもお会いすることができたし、長嶋（茂雄）さんや王（貞治）さんにもお会いすることができた。それこそ小学校時代に憧れていた歌手の田代美代子さんとも今、ご一緒に仕事をさせていただくという幸運にも恵まれていまして。人生の後半で、次々に夢が叶《かな》ってゆく幸せを噛《か》

『ウルトラマン』本放送前に行なわれた前夜祭の模様

みしめております。

古谷　充実した人生ですねえ。

やく　いや、古谷さんが目の前にいらして、なんか泣きそうで（笑）。

古谷　僕も今回の対談は楽しみにしていたんです。新型コロナウイルスの感染拡大で、いろんなウルトラマンのイベントが中止になりましたから。今年も例年以上にアメリカからもイベント参加のオファーが来ていたんですが、それもすべて中止。最も残念だったのは「2020年の挑戦」の監督、飯島敏宏さんとのイベントの中止ですかね。

やく　そんな魅惑的なイベントが企画されていたんですか。

古谷　はい。

やく　それはもう、東京オリンピックの開催延期よりも残念。私らからすれば、東京オリンピックより「2020年の挑戦」のイベントのほうが大事ですし。

古谷　今はなにもできないですよね。感染が収束しないとなにも動き出せない。なんとか今年中には感染が収まってほしいと願ってはいるんですが。なにせ2021年は『ウルトラマン』の放送開始から55周年の記念すべき年。僕も78歳を迎える。そう、M78星雲になるんですよ（笑）。そういう意味も含め、大規模なイベントを開催しようという話も持ち上がっていますし。

やく　つくづくコロナ憎しですが、晴れて実現の運びとなるのを楽しみにしています。

古谷　黒部進さんも桜井浩子さんも毒蝮三太夫《どくまむしさんだゆう》さんも、そして僕の同期の二瓶正也《にへいまさなり》さんもみんないい歳《とし》だしね。早くしないと、みんな揃わなくなる（笑）。

佐々木　いやいや、まだまだ集合できます。ええっと、ですから「2020年の挑戦」のイベントは中止になりましたが、その代わりといってはおこがましくなりますけども、この『ウルトラマン不滅の10大決戦』を華々しく実施できれば。これがボクたちの「2020年の挑戦」となります。

古谷　でも、ありがたいです、ウルトラマンの格闘シーン、戦闘シーンを振り返る場をいただいて。僕はアクションに精通しているわけではなかったし、ウルトラマン自体に殺陣《たて》師《し》の方がいらしたわけでもなく、すべて手探りで動いていたのでね。怪獣とどう戦うか、スペシウム光線を出すまでに、どう動けばいいのか、真剣に悩みましたし、監督、カメラマン、合成のスタッフと協議して決めていったものです。それらをもう一度、振り返る、

検証できるのは心が躍ります。

佐々木　いえいえ、心が躍りまくっているのは、こちらのほうです。

古谷　今も言ったように、なにもかも手探り。だからこそ、子供たちの共感が得られたのかもしれないとも思っていますしね。

佐々木　というのは？

古谷　子供って完璧に強いものは好きじゃないんですよ。応援のしがいがないというか。どこか弱そうな部分があるから感情移入して〝がんばれ〟と応援する。ウルトラマンも撮影開始前からアクション監督などがいて、ああして、こうしてといった指示を受け、完璧な動きを見せていたら、計算ずくの華麗なアクションをする強いウルトラマンを見せていたら、子供たちはあんなにも熱く応援してくれただろうかと思うこともあります。

佐々木　なるほど。

古谷　これは僕の持論になりますが、ウルトラマンは弱かったんです。

やく・佐々木　ほおお。

古谷　怪獣と戦っても勝てるかどうかわからない。それでも立ち向かっていく。その勇気を振り絞るところに子供たちは共感してくれたんじゃないですか。中に入っていた僕も、アクションの経験がないから、撮影中は怖かった。ギャンゴとの決戦ではマスクの目の穴からコポコポと水が入ってきて溺れそうになったし、火は容赦なく僕に襲いかかってきたし、怪獣の角は痛かった。でも、必死になって戦った。そういう心の葛藤みたいなものがウルトラマンの動きに反映されているんじゃないですかね。だから、ウルトラマンの戦いを振り返るのは僕にとって、とても意義深いものなんです。

佐々木　わかりました。では、今度こそ『ウルトラマン不滅の10大決戦』の始まりです。ではでは、栄光の第10位は……えっ！　これはまた、まさかの……。

目次

第10位
ゼットン

ウルトラマンの最期のポーズに込められた意味

宇宙恐竜　ゼットン
身長／60m
体重／3万t

佐々木　さあ前回、前夜祭をお送りした、ウルトラマンと怪獣の格闘シーンにスポットライトを当て、10位から栄光の1位までをランク付けしようという『ウルトラマン不滅の10大決戦』。今回からはいよいよランキングの発表でございます。

決戦の模様を語っていただくのは、ウルトラマンのスーツアクターとして怪獣と実際に戦った古谷敏さん、リアルタイムで『ウルトラマン』を観ていた「Q・マン世代」代表の漫画家やくみつるさん、そして司会進行は、佐々木徹が務めさせていただきます。いったいどの怪獣が10位となったのか……？

では、発表いたします！

やく　その前に。

佐々木　はい。

やく　改めてベスト10選出における私なりの選択基準を説明させていただくと、前回、説明があったように、ウルトラマンと怪獣たちの戦い、格闘という面にフォーカスし、重きを置いて順位を決めました。なので、印象度で選べばベスト10内に選ばれていてもおかしくない人気怪獣との戦いが、まさかの落選ということもございます。人気怪獣でも、ウルトラマンの圧勝であったり、特段見るべき攻防がなかったりしたものは、泣く泣く落選させてしまったというわけです。

古谷　面白いと思います、そういう見方、こだわりは。

やく　ただ、戦いに重きを置きますけども、それだけで終わらせる気など毛頭なく（笑）。その戦いからなにを感じ取ったか、今ならなにを感じ取れるのか、さらに新発見に至るまで、視線をワイドにし、語り合っていければとも願っております。

佐々木　では、お待たせの第10位の発表！　ドロロロロロ〜（くちドラム）10位はなんと、最終戦とでもいうべきゼットンとの戦い！

古谷　ほう。

佐々木　最終回のゼットン戦を10位に選ぶのは、なんとも〝やくみつる〟らしいといいますか。

やく　別に奇をてらったのではないんですね。私らが初めて目のあたりにした、ヒーローの最期。それは胸に手をやり、仰向けに倒れている宗教儀式的な、まさに棺桶《かんおけ》に納められているイメージ。あのとき、古谷さんはなにを思われていたのか、胸になにが去来したのか。まずはそこからおうかがいしたいとの想《おも》いから、格闘シーン云々《うんぬん》よりも10位に選んでしまったんです。

古谷　最終回でもありましたし、とても複雑な心境でしたよね。これは『ウルトラマンになった男』（小学館刊）でも書きましたけど、撮影が始まった当初は正直、ウルトラマンの中に入るのは乗り気ではなくて。冗談じゃない、スーツの中に入って怪獣と戦うなんて役者の仕事じゃないよって思っていましたし。

しかも、連日の撮影がハードでね。例えば夏の撮影ではスーツの中の温度はたぶん、50℃くらいはあったんじゃないですか。熱中症どころの騒ぎじゃない（笑）。当時はスーツを着て3分か5分経ったところで監督に「×」印を送っていましたよ、これ以上は無理という意味でね。そこで撮影は一旦、ストップ。スタッフが僕のもとに集まり、急いでスーツを脱がしてくれる。で、そのまま上半身裸で撮影所を飛び出し、頭から水をかぶる。そんなことの繰り返しでした。だから、このままでは自分の体が持たない、いや、その前に心が壊れるかもしれないと思っていましたよ。
やく　それでもウルトラマンを続けていたのは子供たちの期待、目の輝きだったと『ウルトラマンになった男』でお書きになっていましたが。
古谷　そうなんです。
やく　もう辞めよう、明日辞めようと思っていたときに、たまたま一緒にバスに乗り合わせた小学生たちが目を輝かせながら、放送された『ウルトラマン』の話をしていて――。おそらく、東急と小田急が共同運行している渋谷↓成城学園前駅の路線ですよね。
古谷　その目の輝きを裏切れないと思いましたね。同時に、子供たちがあんなにも熱く語っているウルトラマンを演じている誇りとでもいえばいいんですかね。よし、もっとがんばらなければ、と誓ったんです。それからは前向きでね、ウルトラマンでいることに。次の怪獣ではどんな戦いを繰り広げようかと新しい台本を手にするたび必死に悩み、考え込んで。あの経験があったからこそ、なんだろう、人間というのは自分が他者から求められていることがわかったとき、身も心も成長できるのだな、と実感できました。
佐々木　それなのに。

古谷　そうなんですよ、それなのに39話で終了と言われ（笑）。

★なぜ平均視聴率30％超の『ウルトラマン』が39話で打ち切りになったのか？

やく　当時、1年間は『ウルトラマン』が続くはずだったという話もあったようですが。

古谷　ええ、確かに。実際に36話の「射つな！アラシ」の撮影が始まった頃、監督の円谷《つぶらや》一《はじめ》さん（『ウルトラマン』の監修を務めた日本特撮の父、円谷英二氏の長男）から「もう1クールできるかい？」と言われていたし。もちろん「はい、できます、大丈夫です」と答えました。30話を超えたあたりから、僕もウルトラマンを辞めたくない、続けばいいな、と思っていましたから、その言葉はうれしくてね。他のスタッフもみな、同じ気持ちだったんじゃないかな。

佐々木　でも、なぜ第39話で終了となったんですかね。視聴率は平均30％以上。1967年3月26日に放送された第37話「小さな英雄」では驚異の42・8％を記録。スポンサーだった武田薬品工業もやめたくなかったはず。

古谷　でしょうね。

驚異の42.8%の視聴率を記録した「小さな英雄」のワンシーン。ピグモンが科特隊を助けるために尊い大きな勇気を見せる

佐々木　一説には、監修の円谷英二御大のチェックが厳しすぎて、制作スタッフ側が音を上げ、結局はやめざるをえない状況に追い込まれたからという噂《うわさ》がまことしやかに流れていたりしますけども。

古谷　ですね（笑）。円谷英二さんのチェックが厳しすぎたのは間違いないです。『ウルトラマン』終了の半分以上の理由が御大チェックでした。

佐々木　ひょえええ。マジだったんですか！

古谷　御大の作品に対する姿勢とでもいえばいいのかな、要するにロマンが感じられない映像に仕上がっていると、すぐにNG、撮り直しを指示していましたから。

やく　いろいろな文献を読むと、円谷英二さんは名目上の監修ではなく、本当に厳しくチェックされていたようですね。

古谷　ええ。しかも、お忙しい人でしたし、例えば映画の『ゴジラ』シリーズと制作がぶつかってしまった時期があったんですね。そうなると『ウルトラマン』は現場であれこれ指示する時間がなく、どうしても撮ったばかりのテープ、最終編集前のテープで確認することになるわけです。そこで納得できないシーンを見つけてしまうと、やり直し、撮り直し。

佐々木　現場はパニック。

古谷　そうなります。現場はテレビ局に納品する時間に余裕がなかったものですから、とにかく撮ったら次のシーン、撮ったら次のエピソードに突入という感じでフル回転。そうしなければ1週間のサイクルで1本作るのはむずかしかったんです。そこに御大のストップがかかる。みんな混乱しますよね。それこそウルトラマンと怪獣との戦いで破壊してしまった街を、もう一度作り直したりね。

佐々木　ご丁寧に一から作り直すんですか。

古谷　もちろんです。ただ口で作り直すと言うのは簡単ですけど、実は本当に大変なんですよ、壊した街を復元するのって。壊した街とそっくりに作り直す、つまり、どこにもズレがあってはならない、電柱や看板も壊す前と同じ場所、同じ位置にする。それだけで時間がかかっちゃっていたし。そういう理由もあり、どんどん時間が削られ、制作が間に合わず、結局は終了ということに。

日本特撮の父、円谷英二氏とウルトラマン。昭和８年に公開されたアメリカ映画『キング・コング』を試写で観た円谷英二氏は、その特撮技術に衝撃を受け、映像の研究を重ねた。この円谷英二氏が受けた衝撃から、日本の特撮は偉大なる一歩を踏み出すことになる

やく　肝腎のウルトラマンの所作といいますか、動きそのものに関してはどうだったのですか。円谷さんから具体的な指示とか注文があったりは？

古谷　ああ、それはなかったですね。御大がクレームを入れるのは全体の画のバランスだったり、あとは残虐性に関してても、うるさかったです。例えば、無駄に怪獣を血だらけにするとかはダメ。許さなかった。子供が観ているのだから、というのが最大の理由。子供の心に暗い影を落とすような映像表現は絶対に許さない人でしたよね。

ただね、御大チェックがあったからこそ、『ウルトラマン』はこうやって今でも語り継がれる作品に昇華したと思っているし、なにより〝子供たちのために、子供たちが喜ぶ作品にしたい〟という御大の気持ちをスタッフが理解していましたから、しんどい復元の作業も苦ではなかったと思いますよ。

佐々木　えっと、この辺でそろそろ第10位のゼットン戦におけるウルトラマンの戦いぶりを振り返っていただければと。おいおいまた、御大の話は出てきそうですし。なんかもう、誰かがストップをかけないと、前回の前夜祭のようにバトルの話に移れない気がして。ではでは、第10位のゼットン戦、その壮絶な戦いを振り返ってみましょう。

宇宙恐竜　ゼットン　身長／60m・体重／3万t

【バトル・プレイバック】

ウルトラマン、空中に飛び立ち、胸の前で手をクロスさせ、回転しながら降下。いきなりキャッチ・リングを繰り出すもゼットンが振り向き、反撃の火球攻撃。しかも、恐るべきことにゼットンがキャッチ・リングの光の輪を引きちぎる。

ようやくゼットンと対峙《たいじ》するウルトラマン。しかし、ゼットンが目の前から消え、驚くウルトラマンの右後方に現れると、口から弾丸状の光線を発射。なんとかウルトラマンはよけるが、その光線は無残にも科特隊本部ビルを破壊する。

怒濤《どとう》の攻勢を仕掛けるゼットンにたじろぎながらも、ここでウルトラマン、ウルトラスラッシュ（八つ裂き光輪）を渾身《こんしん》の力で投げるが、ゼットンはなんと、バリアでブロック。そして、ついに肉弾戦に突入。ウルトラマン、果敢にチョップを放つも、ゼットンの逆水平に弾《はじ》き飛ばされ悶絶《もんぜつ》。さらにマウントポジションを取られ、エゲつないチョーク攻撃。抵抗を試みるウルトラマン。なんとか首を絞めているゼットンの腕を振り払い、そのまま相手の力を利用した巴投《ともえな》げ。
勝負所と見たウルトラマンが必殺のスペシウム光線を放つがゼットンは微動だにせず、光線を吸収。焦りと驚愕《きょうがく》の表情が浮かんでいるかのように見えるウルトラマン。その戸惑いを見透かしたように、ゼットンが波状の光線を発射！　よけきれず、ウルトラマンの胸に命中。２発目は赤く点滅したカラータイマーに直撃、よろけるウルトラマン。もがきながら、ウルトラマンの目の光は次第に弱々しくなり、ふっと光が消え、前のめりに倒れる――。

古谷　今観ても、弱そうなんですよね、ゼットンは。
やく　のっけから意外なお言葉をいただきました。なにせ完全ＫＯを食らった相手ですから、もう顔も見たくないほどゼットンに対し畏怖の念を抱いておられるのかと。ただ正直、当時の子供たちの目から見たら、登場当初は大して強そうに思えませんでしたよね。いわゆる獣型《けものがた》でもないし、牙が生えているでもないし。「ポポポポポポ…」と変な音を発してるし（笑）。

胸に手を置くアイデアは古谷氏が考えだしたもの。このポーズにより、ウルトラマンの最期は荘厳さに包まれた

古谷　ええ。とくに外見がね。どうして負けちゃったんだろう（笑）。

★ウルトラマンはゼットンに負けるべくして負けた

やく　いやあ、衝撃的な発言です、それは。私たちからすると、あのウルトラマンを倒した宇宙恐竜ですから、怪獣も見かけにはよらないと学習したのですが。

古谷　ゼットンと科特隊本部のビルの前で対峙したときは、強そうだと思わなかったんですよねえ。どうしてでしょうね……。たぶん、レッドキングとかは顔の表情がわかりやすかったじゃないですか。恐ろしい形相をしていましたもんね。だけど、ゼットンはわりとのっぺりした顔というか、なにを考えているのかわかりづらかった。あとから思えば、なにを考えているのかわからないところが、実は怖いというのが理解できるんですけど。当時はゼットンと向き合っても、表情が読みづらいため、こちらも「?」という感じだったのでしょう。だから、さして強そうには感じられなかったのだと思います。

佐々木　改めて古谷さん、いかがですか、ゼットンとの最後の戦いぶりを見直してみると?

古谷　ゼットンとの戦い、なぜ負けたのか、その流れが納得できます。

佐々木　ええっ!?　ウルトラマンがゼットン戦の敗北を素直に認めてしまっている。ウルトラマンはグッド・ルーザーだった!

古谷　負けるべくして負けたというか。まずウルトラマンの心理を壊しにかかっていますよ、ゼットンは。最初のキャッチ・リングを引きちぎる。ここで己の強さをウルトラマンに誇示するわけです。それで他の怪獣ならね、どうだいってミエを切るところなんだけど、ゼットンは冷静に光線攻撃を仕掛けてくる。そうなるとキャッチ・リングが効かなかったウルトラマンとすれば心の立て直しができぬまま、次の攻撃を食らってしまうことになる。
今、こうして改めて映像を見直すと、ゼットンに隙がないです。あくまでも冷酷に次から次に攻撃を仕掛けてきて、焦るウルトラマンを上から見下し、精神的優位に立っている。ゼットンが終始、精神的に上に立っていた——というのが、この戦いの最大のポイントでしょうね。

やく　この最後の戦い、実は格闘の面から見ると、さして絡んではいないんです。激しい肉弾戦は繰り広げられていない。ゼットンがマウントポジションを取り、それを下からウルトラマンが防御し、巴投げではねのける程度。それよりも激しかったのは、お互いの光線攻撃で。お互いに光線を照射し合っているけど、つねにゼットンはウルトラマンの上をいく攻撃を仕掛けていた。

佐々木　だからこそ、当時も今も観ている側は負けたことに納得しているのではないですかね。つまり、キャッチ・リングは引きちぎられる、ウルトラスラッシュもバリアで防御され、必殺技のスペシウム光線も通じない。段階を踏んでいるというか、これもやってあれもやって、最後にそれをやっても通じなかった。こりゃ負けても仕方ないなと。

やく　私も含めて当時の多くの子供たちは、そういう意味で素直に負けたことを納得できた。どうしてウルトラマンは負けちゃったの？ではなく、ウルトラマンの負けをきちんと理解した上で受け入れることができたと思いますね。

佐々木　プロレスの話になっちゃうんですけど、第1回ＩＷＧＰの決勝戦でアントニオ猪木はハルク・ホーガンに負けるんですが、あの一戦でも猪木はコブラツイストを出しても弾き飛ばされ、バックドロップで投げても通じず、最後に必殺の卍固《まんじがた》めでホーガンを絞り上げることに成功しても、結局はギブアップを奪えなかった。多くのプロレスファンは、これはダメだ、卍固めが通じない、猪木の負けだ、と諦めたもんです。

古谷　最終回の撮影前に脚本の金城《きんじょう》哲夫さんが僕に「敏《びん》ちゃんの必殺技を全部出すからね。それでも負けるからね」と言ったんですよね。ただ、あの戦いで子供たちには戦う勇気とでもいえばいいんですかね、子供たちの心に訴えかける戦いを見せることができたと思っています。

やく　今、当時の子供に立ち返って、うかがっているような心持ちです。

古谷　ゼットンの波状攻撃にさらされながらも、ウルトラマンは地球を守るために、今、自分ができる精一杯のことをやろうとした。ウルトラスラッシュが通じなければ、さあ、スペシウム光線だと逃げずに必死に戦った。その戦う姿勢は今観ても、ちょっと涙が出てきそうです。

やく　本当にゼットンの波状攻撃はエゲつなかった。あの火の玉なんか1兆℃なんですよ。いくらなんでも1兆℃はひどすぎます。そのわりにウルトラマンの背後にあるビルに命中したときは、ガラスが何枚か割れるボヤ程度でしたが（笑）。

古谷　ハッハハハ。

やく　それと、古谷さんとご一緒に見直して気づいたのですが、最後にゾフィーとM78星雲に帰るウルトラマンの勇姿に向けて、子供たちの「さようなら」の大合唱が映像に挿入されているんですね。気づかなかったです、今の今まで。私も茶の間で叫んでいたかもしれないな。

というのも、さきほどウルトラマンの負けには理由があって、段階を踏んで負けたのだから腑《ふ》に落ちた……という話になりましたけど、そうなんですよね、ウルトラマンの負けに抗《あらが》った記憶がないんです、私にも。子供心にヒーローは負けちゃいけない、死んじゃいけないとか、そういう感情はもちろんあったはずですが、妙に合点がいっている小学生の私がいましたよね。

結局、負けたことに抗うよりも、ハヤタはハヤタで命を授けられたし、ウルトラマンもゾフィーとM78星雲に帰れた。その落としどころに安堵《あんど》したことのほうが大きかったんでしょう。

古谷　当時、あれだけの視聴率がありましたから、円谷プロや脚本の金城さんのところに、全国の子供たちから励ましの手紙が届いたんです。中には当然のことながら「ウルトラマンを絶対に死なせないで」といった手紙も多かったようで。金城さんも、そういう手紙に応えなきゃいけないと、最後はハヤタもウルトラマンも死なないアイデアをひねり出したと言っていましたよ。

佐々木　やくさんみたいに、負けたことよりも最後の落としどころに納得と安堵感を抱いた子供もいれば、格闘家の前田日明《あきら》のようにウルトラマンが負けた現実を突きつけられ、「俺がゼットンを倒すんや！」と空手道場に通い出した子供もいましたし。

古谷・やく　（笑）。

★ウルトラマンとゾフィーの2役撮影秘話

やく　そういえば、最後の場面、ゾフィー登場の場面なのですが、ゾフィーにも古谷さんが入っていて――？

古谷　ええ、入っています。

やく　どの段階でゾフィーに入ることを伝えられたんですか。

古谷　確か撮影所で知ったんですよ。

やく　それまで知らされていなかったということは、ゾフィーの演技プランを事前に練るどころではなかったのですね。

古谷　はい。撮影所に行くと、ウルトラマンと同じようなスーツが置かれていて。ゾフィーという名前も付けられていたかどうか。とにかくウルトラマンと同じスーツということは、僕しか入れないわけでね（笑）。そこでまずウレタンを入れたウルトラマンを寝かせて、ゾフィーのスーツを着た僕が立つ画から撮影が始まったんです。問題はゾフィーのマスクでね、ウルトラマンと違って目に穴が開いてなかったんですよ。そのためスタッフの

見よ！　戦いに敗れ、無残にもいびつに折れ曲がったウルトラマンの左腕を。地球を守り続けたヒーローの最期がきれいなわけがない——。古谷敏の言葉が胸を衝く

「この辺にウルトラマンが倒れているから」という指示を受けて、見えてはいないのですが、なんとか演じたんですけどね。

佐々木　倒れているウルトラマンなんですけども。やくさんの言葉を借りれば宗教儀式的に倒れているウルトラマンが、ちょっといびつなんですね。

古谷　？

佐々木　たぶんスタッフのみなさんも時間がなくて大急ぎでウレタンをスーツの中に詰め込んでしまったせいか、とくにウルトラマンの左腕の上腕あたりがいびつに曲がって凹《へこ》んでいるのが映像から確認できるんです。これが妙にリアルに感じられて。マ

ジにバッコンバッコン、ボロクソにゼットンに叩《たた》きのめされたような左腕の凹み。あのいびつな凹みは偶然に作られたもの？

古谷　偶然です。うん、リアルでしたね。本来はああいう凹み、いびつさを御大は嫌うんです。でも、撮り直しせずＯＫを出したということは、ヒーローの最期の姿はそれぐらい痛々しいものなんだよ、と伝えたかったからじゃないですか。みんなのために怪獣たちと戦ってきたウルトラマンの体がきれいであるわけがないと御大は思っていたはず。だから、凹んでいてもＯＫだったし、ボロボロだからこそ、逆にカッコいいんです。

やく　冒頭で言いましたけど、ウルトラマンが倒れたとき、胸に手を置くというのは……。今思うと、あのポーズがなく、もし普通に横たわっていて、ゾフィーに「お前には命がふたつある」と告げられたら、それこそチャンチャン！で終わってしまいかねない。古谷さんが胸に手を置くポーズを取ったおかげで、荘厳なウルトラマンの〝死〟を表現できたと思います。あのポーズの演技プランは？

古谷　僕のアイデアです。監督でもカメラマンの指示でもなく、素直に自然と、ああいう演技ができました。最後はこんなふうに死にたいと、僕なりに熟考して演じたつもりです。

やく　古谷さんのその話をお聞きしながら『ウルトラマンになった男』の最後の文章を思い出していたんですが、「いつかぼくも光の国に帰るときが来る……」という記述。

古谷　ええ。

やく　そのくだりを読んだときに、大袈裟ではなく、私のそれまでの死生観みたいなものが変わったような気がするんです。人は誰しも死を迎えます。その事実に対して「死にたくない」とか恐怖の念を抱いたりするものですけど、古谷さんの言葉に触れた瞬間、死ぬことは怖いことでもなんでもないと思えるようになったんですね。

だって、そうだよ、死んだら〝光の国〟に行けるんだと思うと、ちっとも怖くない（笑）。〝光の国〟に行き、ウルトラマンと遊べるかもしれないと思ったら、こんなに楽しいことはないじゃないかと。この年齢になって改めて『ウルトラマン』の最終回を観ながら、ふと宗教的な悟りをいただいたような、そんな感覚にすらなりました。

古谷　成田さんにはそんなつもりはなかっただろうけど、ウルトラマンの顔って、どこかお釈迦《しゃか》様に似てるという話もありますしね。

やく　そうなんですよ。きっと後付けでみんなそう言い出したんでしょうけど、私もウルトラマンの顔がお釈迦様に見えることがあります。この場でお話しすることではないのかもしれませんが、このところ毎年のようにひとりまたひとりと、小学校の同級生が天に召されまして。

古谷　そうでしたか。

やく　アイツらは、先に〝光の国〟に行っているんだな、と思えるようになりました。先に行って昔のように怪獣ごっこをしているんだろうな、私も天に召されたら、アイツらと怪獣ごっこで遊べるんだと思ったとき、死への恐怖は失《う》せ、なにかスーッと憑《つ》き物《もの》が落ちましたよね。

第9位
アントラー

古谷敏を「本当のウルトラマン」にした脚本家の深い言葉

磁力怪獣　アントラー
身長／40m
体重／2万t

佐々木　全国３０００万人のウルトラマン&特撮ファンのみなさま、こんばんは。今宵も『ウルトラマン不滅の10大決戦』のお時間がやってまいりました。巷《ちまた》では、なかなか対決の本題に入らない対談であるとの評判もあるようですけども。

古谷　いいんですよ、それで。そこが、この対談の面白くスリリングなところじゃないですか（笑）。

佐々木　という古谷さんの温かいお言葉を頂戴しながら、いよいよ第9位の発表でございます。では、第9位の発表ォォォ〜〜！　やくみつるが選んだ第9位はアントラーとの砂漠での死闘です。まず、やくさん。

やく　やはりトップ10からは外せない。

佐々木　なぜにアントラー戦を第9位としたのでありますか。

やく　大苦戦を強いられているんですよ、ウルトラマンが。結果的に、あのスペシウム光線さえもアントラーには通じませんでした。実際に決戦のタイムを計ってみると、倒すまでに3分7秒もかかっている。

佐々木　ウルトラマンは変身後、地球上では3分しか戦えないのに。

やく　そうなんです。制作側もいろいろと苦慮しながら編集したと思うんですね。それでも3分を超えてしまった。そこにウルトラマンの苦戦が滲《にじ》み出ていますし、その苦闘ぶりは第9位にランクインさせるだけの意味があります。

古谷　戦いにくかったですよ、アントラーは。

やく　いたずらに3分以上もかけているわけではないと。

古谷　飛び出たツノ、ハサミがねえ、痛かった（笑）。

佐々木　クワガタ虫のハサミみたいなやつですね。

古谷　そう。ウルトラマンの手……どう言えばいいのかな、あの手は手術用の手袋みたいなものをはめているんですよ。だから、生地がとっても薄いんですね。それなのに、けっこう激しくキツめにアントラーのハサミが襲いかかり、突き刺さってくるものですから、嫌な痛みが走ったんです。

やく　その痛みもあり、ハサミ——昆虫でいえば大アゴと称するんですけれど、それとの

アントラーの猛烈な突進を受け止めるウルトラマン。このツノ（大アゴ）をつかむのは確かに痛そう。ちなみにアントラーのチャックは他の怪獣とは違い、胸から腹にかけて設えられている

向き合い方も含めて大苦戦したわけですね。

古谷　はい。

やく　戦った場所がら、砂ぼこりもまた、ウルトラマンを苦しめたのでしょう。

古谷　ええ。それらもろもろの事情が重なり、非常にしんどかった撮影、戦いでした。

佐々木　砂ぼこりといえば、このロケ地は……。

古谷　映画のロケ地を、

東宝映画のセットを使って撮影されたアントラー戦は、確かにちょっと凝った作りになっている

そのまま流用しています。

佐々木　1966年4月28日に公開の、6世紀のシルクロードを舞台にした東宝映画『奇巌城の冒険』のロケ地ですよね。主演が世界の三船敏郎さんで、ハヤタ隊員を演じた黒部進さんも出演されていて。

古谷　そうです、そうです。映画本編のセットですからね、わりと街の細部に至るまで、ちゃんと作り込まれています。

佐々木　それでは大苦戦だった、第9位のアントラー戦を振り返ってみたいと思います。

不滅の10大決戦　第9位

磁力怪獣　アントラー　身長／40ｍ・体重／2万ｔ

【バトル・プレイバック】

まずはウルトラマン、アントラーともに攻撃の間合いを探りながら対峙。先手を取ったのはアントラー。いきなりの砂煙攻撃を仕掛け、ウルトラマンの視界を奪う。もがくウルトラマンを尻目に、アントラーは地中に。そして、またしてもいきなりウルトラマンの足下後方から姿を現し、前方に突き飛ばす攻撃を仕掛ける。自分の攻撃に満足したのか、アントラーは再び地中に潜り、気配を消してから三度地上に飛び出し、エグい砂煙攻撃。しかし、そこは百戦錬磨のウルトラマン。咄嗟《とっさ》に砂煙攻撃を飛行してかわす。

だが、今度はアントラー、ウルトラマンの背後から磁力攻撃。この磁力攻撃によって、自分のハサミまで引っ張ろうとするが、ウルトラマンはすんでのところでかわし、体を入れ替え向き合い、ハサミを両手でキャッチ。ハサミの威力を感じさせるギギギギという音を周囲にまき散らしながら、渾身の力比べ。どう見てもウルトラマン、戦いにくそう、大苦戦！　カラータイマーも青から赤に点滅。状況を打破し、勝機を見つけようとウルトラマンがアントラーから離れ、スペシウム光線を放つも効かず。その戦いにくさを嘲笑《あざわら》うかのようにアントラーが突進。

　バラージの人々の祈りが通じたのか、ウルトラマン、再びアントラーのハサミをつかみ、力比べをしながら、相手の前進する力を逆利用し、右にひねって倒すという柔道の極意を見せる。仰向けに転倒したアントラーに、すかさずマウントポジションを取る。その一連の攻防の中で、ついにウルトラマン、アントラーの右のハサミをへし折るが、それでも思うように攻撃を仕掛けられず、やっぱり大苦戦。どうする、どうなる、ウルトラマン。

　その苦境を救ったのがノアの神の使い、チャータム（弓恵子）。ノアの神（若き日のウルトラマン？）の石像が持つ青い石を取りに走り、ムラマツ隊長に手渡す。隊長がえいやっと青い石をアントラー目がけて投げつけると見事に命中。アントラー、大爆発。ハラハラする大苦戦の一戦はウルトラマン、チャータム、ムラマツ隊長の炎の連係プレーによって幕を閉じたのでありました。

★迷いをなくしてくれた脚本・金城さんの言葉

やく　前半の砂煙攻撃なんですけど、砂が目に入ったりしてます？

古谷　入ってます。小さい砂がマスクの目の穴から入ってきていましたね。本来ならば、そこでカットがかかってもよかったのに、そのまま撮影が続いて。涙目になるし、これはしんどいな、キツいな、と思ったのですけど、監督からのカットがかからない（笑）。仕方ないな、やるしかないか、と腹をくくりました。

やく　ウルトラマンの中で涙目になっている——！　これは聞きたくありませんでした（笑）。さすがにウルトラマンのあの目からウルトラ・ティアドロップがひとすじ、ツツ—……じゃシャレになりませんものね。

途中、アントラーの大アゴをへし折ったのも、戦いの流れに沿って……ということになりますか。

古谷　ええ。なにせカットがかからなかったので。一応、あのハサミには事前に筋を入れてあったんですね。折れやすいように。

やく　聞かなかったことに（笑）。

古谷　でも、ここで折れ、という指示はありませんでしたし、戦いの流れの中で自分が判断したんです、ここで折るぞって。

やく　今の証言を踏まえ、改めてお聞きしたいのですが、以前にウルトラマン関連のムック本で、古谷さんとアントラーのスーツアクター、荒垣輝雄さんが談笑されている写真を拝見したことがあるんですね。

古谷　ああ、はい。

やく　そういう撮影の合間の時間に、対戦相手の怪獣役スーツアクターさんと演技プランを話し合ったりしていたのでしょうか。例えば荒垣さんとであれば、自分がこう動き、このタイミングでアントラーの大アゴを折るよ、みたいな打ち合わせというか。

古谷　とくにはなかったかな。

やく　それでも阿吽《あうん》の呼吸で？

古谷　もちろん撮影前に特殊技術の責任者だった、高野宏一さんと荒垣さんと僕とで全体的な戦いの流れのようなものは話し合い、確認をしていますが、あとはもう大雑把。さきほども言いましたように、すべては自然の流れに任せたまま。

やく　それこそ時代劇ですと、殺陣師《たてし》の方が〝あなたはこちらから斬りつけて、こちらの人はその刃をかわしつつ、右回りに相手の背中に忍び寄る〟といった指示を出しますよね。『警部補・古畑任三郎』の小林稔侍《ねんじ》さんゲスト回などは、まさにその殺陣の段取りがトリックに用いられるわけですが。

古谷　そういう指示、殺陣師がいなかったから逆によかったんじゃないですか。今、やくさんとしゃべっていて、ふとそう思いました。

やく　なぜ、よかった、と？

古谷　ウルトラマンには模倣すべき前任者がいなかったんです。成功例があればね、それを参考にしながら、戦いにおける動きなどを作り上げることができたはずですけど、ウルトラマン以前には誰もいなかった。

佐々木　戦いの前例は『鉄腕アトム』とか『鉄人28号』とか、アニメ作品になってしまいますものね。

古谷　ええ。やっぱりアニメの動きと実写の動きは全然違いますし、参考にはならない。

『月光仮面』は等身大だし、アメリカの『スーパーマン』の動きとも違う。本当に参考になる作品がなかったんですよ。

やく それまではゴジラのスーツアクター、中島春雄さんらが試行錯誤を繰り返して、例えば動物園の猛獣の動きを観察しながら、怪獣の動きなどはある程度、確立されていましたが、巨大ヒーローの軽快な動きを表現していたスーツアクターはいらっしゃらなかった。そこはうかがうまで考えてもみませんでした。古谷さんの一挙手一投足がひな型となってゆくわけですものね。

古谷 そのとおりです。最初の打ち合わせでね、僕は訊《き》いたんです、制作側に。「ウルトラマンってなに？」

佐々木 それはまた、ストレートな問いかけで。

古谷 いや、本当にそう訊くしかなかったんですよね、資料的なものも渡されていなかったし。そうしたら「宇宙人だよ」と言われ、それもまた、漠然としすぎてなにがなんだかよくわからなかった（笑）。

やく 宇宙人と言われても、昔の宇宙人というと、タコのような火星人になっちゃいますもんね。それじゃまったく参考にならない（笑）。

古谷　それでどうしたもんかと脚本を担当していた金城哲夫さんに相談したんですね。僕の困り果てた顔を見た金城さんは、こう言ってくれました。

「マスクを着けてスーツの中に入り、背中のチャックを閉めた瞬間、古谷敏はウルトラマンという宇宙人になる。だから、敏ちゃんの動きがウルトラマンの動きだし、ウルトラマンの動きは敏ちゃんそのものなんだ」とね。

佐々木　くぅぅぅ、深いお言葉！

古谷　そうアドバイスを受け、じゃあ自分の思ったように動けばいいんだ、戦えばいいんだと思えるようになったんです。そういう意味も含め、さきほど殺陣師がいなくてよかったと言ったんですよ。もし、殺陣師が決戦のシーンを取り仕切り、僕にこうやって動いてほしいとか、この場面でアントラーのハサミをへし折ってくれだとか指示するような現場だったら、ちょっとやる気を失っていたかもしれない。

つまり、殺陣師がいれば、ウルトラマンは別に僕じゃなくてもよかったんじゃないか、と思ったかもしれません。誰かアクションに長《た》けた別の人がウルトラマンをやればいい、そんな生意気なことを思ったかもしれない。

前回も言いましたように、『ウルトラマン』開始直後はまだ、わだかまりがあったというか、僕は顔を出す役者を諦めたわけではありませんでしたから。でも、金城さんのアドバイスを受けて、自分なりのウルトラマンを作れるんだと、そういうふうに考えられるようにもなりましたね。

★古谷敏がウルトラマンに選ばれたもうひとつの理由

やく　おそらくなんですが……。

古谷　ん？

やく　円谷御大をはじめ、制作スタッフは古谷さんのわだかまり、心の内の葛藤を知っていたんじゃないですかね。それでもあえて古谷さんにウルトラマンになれと言ってきた。それこそ古谷さんのおっしゃったとおり、『ウルトラマン』をあくまでもカッコいいヒーロー作品、アクションを前面に押し出した勧善懲悪の子供向け番組にしたいと考えていたならば、運動神経のよい人がスーツの中に入り、殺陣師が計算ずくの指示をすれば、そういう作品に仕上がる。

でも、そうしなかった。結果的にアクションの経験がなかった古谷さんが指名された。ということは、制作側は単に怪獣と戦うアクション・ヒーローを作りたかったのではなく、ヒーローの内面さえも子供たちに伝えられるような作品を目指し、表現できる役者、スーツアクターを探していたんじゃないでしょうか。

それには演じることの意味を理解し、場面ごとに心の動きを紡げる役者でなければいけない。これは顔を出して演じる役者よりもある意味、ずっとむずかしい表現力を求められることとくらいは素人の私にでもわかる。でも、円谷御大や制作スタッフは役者・古谷敏なら必ずや成し遂げてくれるだろう、と判断したのだと思います。

古谷　そう言ってもらえるのはうれしいですけどね。僕の外見上のスタイルだけがウルトラマンになる決め手ではなかったということですね（笑）。

やく　『ウルトラQ』でケムール人やラゴンを演じている古谷さんを見て、その演技力を看破してらしたんですよ。ラゴンのときなんて、ちゃんと雌ラゴンの演技になっておられたし。もっと言えば、同じ『ウルトラQ』の「マンモスフラワー」の回で、皇居のお堀に

ノンクレジットだが『ウルトラQ』第4話「マンモスフラワー」に出演した古谷氏（右から4人目）。その目は自ら想像した古代植物ジュランを見据えている

浮かぶマンモスフラワー（＝ジュラン）の巨大な根を不審そうに見つめる群衆を映すシーン。その中でリアルな演技をしていた古谷さんに目をつけていたのかも。

古谷　ああ、「マンモスフラワー」の回。ノンクレジットだったのに、よく見つけましたね（笑）。口幅ったくなりますが、役者というのは結局のところ、想像力が大事だと思うんです。目の前に、さもマンモスフラワーがいるかのように演じるのが大切でしてね。あのとき、僕の目には自分が想像した巨大なマンモスフラワーが映り込んでいたし、静かに呼吸を繰り返していました。

やく　さらに、古谷さんの言葉をうかがっていて気づいたことがあるんですが、金城さんの助言がやはり大きなポイントになっていますよね。

佐々木　「背中のチャックを閉めた瞬間、古谷敏はウルトラマンという宇宙人になる」という言葉？

やく　ええ。察しますに、当時の現場は金城さんのその言葉が共通認識として、きちんと浸透していたのではないでしょうか。古谷敏の動きがウルトラマンなのだから、怪獣と戦っている最中、なにが起きても監督はカメラを止めなかった。こうしろ、ああしてほしいと要求もしなかった。もちろん、撮影前の細かい打ち合わせなども必要なかった。

佐々木　決戦シーンの打ち合わせよりも大事なことは、古谷敏にスーツの中に入ってもらい、背中のチャックを閉めることだった、と。

古谷　ハッハハハ。

やく　そう考えていくと、なぜウルトラマンのマスクが3タイプあったのかも理解できます。第1話から第13話まで使用されたAタイプと呼ばれているラテックス製のマスク。口元がしゃくれているといいますか、あれはウルトラマンもしゃべれるという設定のもとに造られたマスクですよね。

古谷　そうです、そうです。しゃべれるように造られているため、口元にしわができちゃったんです。あとは口からも光線を出すっていう設定もあったので。

やく　口から光線って——。それじゃゴジラになってしまう！

古谷　そうだったんですよ。でも、口からの光線のアイデアはボツになりまして。ウルトラマンが口からなにかを出すと、やくさんがおっしゃったように、怪獣になっちゃうという意見もありましたし（笑）。まあ、口からなにも出さないほうがウルトラマンらしいから、よかったかな、と思います。

やく　結局、しゃべらなくても古谷さんの想いであったり、戦う意志みたいなものは十分にスーツを通して茶の間に届いていた。だったら、逆にBタイプやCタイプのように完全に口を塞いでしまったほうが、より古谷さんの内面を伝えることができるのではないか、と円谷御大や制作スタッフは考えたのでしょう。

古谷　そういうことだったのかもしれませんねえ。ただ、中に入っていた当人としてはA

ノアの神の使いチャータム。演じているのは弓恵子。彼女の吸い込まれそうな妖艶な瞳が茶の間の子供たちを一瞬にして架空の砂漠の街、バラージへと誘った。後ろが5000年前にバラージを救ったノアの神の像

タイプが一番、顔にフィットしましたね。気持ちよく自然に着けることができたんです。Bタイプも Cタイプもカッコいいですけど、なにかね、硬い感じがして。ゴツゴツした感じとでもいえばよいのか。Cタイプはとくに顔がきれいすぎるような気もしますし。そういう意味で、僕の中ではウルトラマンといえば、Aタイプのマスクになっちゃう。

やく　それで話をアントラー、第7話の「バラージの青い石」に戻したいのですけども。

古谷　ええ、はい。

やく　この作品でウルトラマンとアント

ラーの戦い以外に語っておきたいのは、ノアの神の使い、チャータムを演じた弓恵子さん。
古谷　素敵な女優さんですよね。現場ではお会いできなかったけど（笑）。
やく　子供心にドキドキしましたよ、あの美しさには。
古谷　当時、おいくつだったのかな。
やく　30歳手前のようですね。彼女の妖艶さがまた、バラージという架空の中東の国なのに、現実にさも存在するんじゃないかと説得力を持たせていましたね。とにかく数多くの映画、ドラマ、舞台に出演されていて、どの作品においても存在感を放っている女優さんです。花登筺《はなとこばこ》原作の『細うで繁盛記』の大西館の女将《おかみ》とか。当時そういう呼び方はなかったけれども、今でいうクールビューティーの筆頭格でしたよね。
佐々木　特撮ヒーローファンからすると、『仮面ライダー』に仇役《かたきやく》として出演されていた、ショッカーの大幹部・ゾル大佐を演じた宮口二郎さん（1995年没）の奥様であったことのほうが有名ですけどね。
古谷・やく　ワッハハハ。
やく　ともあれ、この第7話は科特隊が海外にまで進出したというグローバルな展開と、ウルトラマンの必殺技、スペシウム光線が早くも7話のアントラー戦で通じなかった衝撃と、弓恵子さんのエキゾチックな美しさが相まって、私にとってはとても印象深い作品なんです。

古谷　僕もそうです。この「バラージの青い石」の監督、野長瀬三摩地《のながせさまじ》さんは東宝で助監督をされていて、黒澤組でチーフ助監督を務めていたくらい優秀な助監督だったんです。だけど、当時の東宝はたくさんの監督がいらして、いわゆる上がつかえている状態とでもいえばいいんですかね、なかなか助監督が監督になれない時代だったんです。それでも監督になりたいと野長瀬さんは努力していたし、僕も彼の苦労を知っていました。そんな下積みの日々を繰り返したのち、ようやく円谷プロ制作の『ウルトラQ』の作品で監督をすることになりましてね。

やく　１９６６年1月30日に放送された「ペギラが来た！」ですね。

古谷　ええ。そして、『ウルトラマン』の制作が始まり、撮影スタジオで野長瀬さんと会ったときに、彼から「敏ちゃん、今度『ウルトラマン』の監督をすることになったんだよ」と言われ、僕も昔の苦労を知っているぶん、お互いを鼓舞するように元気よく「はいっ、僕もがんばりますから」と答えた思い出があります。だから、そういう昔の懐かしい思い出も含め、やくさんが第9位にアントラー戦を選んでくれたのはうれしかったです。

佐々木　というわけで、次回は第8位の発表でございます。えっと、第8位は……こりゃまた、渋い！

第8位

ケロニア

ジェームズ・ディーン、ウルトラマン、そして
『新世紀エヴァンゲリオン』へと受け継がれたもの

吸血植物　ケロニア
身長／50㎝～50m
体重／80g～1万t

佐々木　さて、第8位の発表を。

古谷　いきなりですね（笑）。

佐々木　はい。この対談、前フリが長すぎるといった反省もございますし、他にも決戦の解説と謳《うた》っているわりには、バトルの検証が少し乏しいのではないか、という声も踏まえまして、第8位はできるだけウルトラマンVS.怪獣の戦いにフォーカスした内容をお届けしたく。

古谷　なるほど。

佐々木　てなわけで、やくみつるが選んだ栄光の第8位は……。

やく　（食い気味に）ケロニア戦！　これは読者諸氏も予想できなかったでしょ。

佐々木　はいっ、早速、戦いを振り返ってみましょう！

不滅の10大決戦　第8位

吸血植物　ケロニア　身長／50㎝〜50ｍ・体重／80ｇ〜1万ｔ

【バトル・プレイバック】

ハヤタが建物の中で変身したため、ビルを破壊しながらウルトラマン登場。そこにケロニアが突進。ウルトラマン、華麗に右にかわしながら、チョップ攻撃。その一撃でケロニア、ビルに突っ込む。めげないケロニア、再度のスピアー（タックル）を仕掛けてくるところをウルトラマンがアマレスの俵返し。倒れたケロニアに飛びかかるも逆にマウントポジションを取られ、手痛いパンチ攻撃を食らう。互いにマウントポジションの奪い合いの末、斜め方向に巴投げを試みるウルトラマン。すぐに両者はファイティングポーズを取り、互角のパンチ攻撃を繰り返したのち、今度は完璧な巴投げでケロニアを吹っ飛ばすウルトラマン。

ヤバッと思ったのか、ケロニア、ここで目から必殺の破壊光線発射。ウルトラマン、それを見事に光線白刃取り、からのお返しのスペシウム光線。見事にケロニアの心臓付近に命中するも効かず。なぜ効かぬ？　戸惑いの表情を浮かべたかのようなウルトラマンだが、弱気の心を振り払うかのごとく強烈な右ハイキック一閃《いっせん》。なんと、ケロニア、そのキックを左手で防御しながら、お返しの右ストレート。この一発、意外にも重たいパンチだったようで、後方に吹っ飛ぶウルトラマン。勝機と見たケロニアはすかさず再びマウントポジションになり、肉体的にも精神的にも優位に立とうとするが、そうはさせじとウルトラマン、なんとか踏ん張り立ち上がる……がケロニアの羽交い締め攻撃に。気がつくと、カラータイマーは赤に点滅。

なんとかしなければとウルトラマン、羽交い締めを首投げで脱出。おりゃっと続けざまにドロップキック。そして、秘密兵器・ウルトラアタック光線発射（両腕に発生した高熱エネルギーを右腕に集中させ、螺旋《らせん》状に光線を放つ）。ついにケロニア、左手と両ひざをつき、ウルトラマンが胸の前で手をクロスさせると大爆破。だが、戦いは終わらず。勝利の余韻を味わうことなくウルトラマンはすぐさま空へ。逃げるケロニア軍団のエアシップコンビナートをスペシウム光線で次々に撃破し、完全勝利を収める。

佐々木　やくさん、なぜにケロニア戦を第8位に？

やく　ウルトラマンの技が冴《さ》えまくっているんですよ、このケロニア戦は。体の動きもキレッキレ。

古谷　ケロニア戦の頃は、スーツで動くことに慣れてきた時期というか、だから軽やかに見えているのかもしれないです。実際、思ったように激しく動けた一戦でした。

やく　技が冴えている、と言いましたけども、実に多彩な技を繰り出しています。映像で確認すると、チョップ、パンチ、キック、エルボー、俵返し、巴投げ、羽交い締め外しからのドロップキック、光線白刃取り、スペシウム光線は効かなかったんですが、初公開のウルトラアタック光線まで繰り出す大サービス。

佐々木　そのウルトラアタック光線、ケロニア戦でしか繰り出していません。そういう意味ではレアかも。

やく　以上を踏まえ、39戦の中でも技の多彩さは群を抜いていますね。大人になってから、そういえばウルトラマンってどんな戦いを繰り広げていたかな、と思い出すとき、その多くはケロニアとの戦いの中で放たれた技の数々だったりします。ということは、きっとこのケロニア戦は子供心、とくに少年の心になにかを響かせた一戦だと思うんですよ。

ケロニアは人気のあった怪獣とはいえませんけど、ウルトラマンとの攻防がいつまでも心に残っている——という点で第8位にしました。思うに、この10大決戦は怪獣の人気投票のような視点ではないわけで、むしろケロニア戦のような戦いこそが選ばれなければいけないのではないか、と。

★ケロニアとの戦いが白熱したものになった秘密

古谷　うれしいですねえ、そのセレクトの基準は。でも、なにが少年の心の琴線に触れたんだろう（笑）。

やく　互角……がポイントかもしれません。

古谷　というのは？

やく　どちらかが圧倒的に強い、弱いではなく、お互いに技の応酬が互角、まさにギリギリの攻防、どちらかがひとつミスをしただけで、展開がガラッと変わってしまうのではないかといったハラハラ感。しかも、両者ともスピードがある。スピードに乗った技を繰り出している。例えば、ウルトラマンのハイキックのスピードなんて、格闘技素人の私ですら思わず〝おおお〟と唸《うな》ってしまうほどの説得力があります。私は記憶がないのですが、古谷さんの世代に合わせていえば、大相撲の栃若戦（昭和30年代前半の横綱栃錦―若乃花戦）かな。技の応酬に観客は喝采を送った。

古谷　いやいや、そんな。

やく　その勝敗がどちらに転んでもおかしくない、手に汗握る互角のハイスパートの戦いが少年たちの心をつかんだのでしょう。ホント、好きですから、男の子はこういう戦いが。というか、強く憧れるんですよ、このような息を呑《の》む戦いに。

古谷　ああ、なるほど。互角だったのはケロニアの造形もポイントだったかもしれませんね。

佐々木　いわゆる人型？

古谷　そうそう。重くないんですよ、人型だと。普通に組んで投げることができる。これが重たい四足の怪獣になると、そうはいかない。持ち上げるにしても、ピアノ線で吊《つ》らなければいけなくなる。

佐々木　そういった重量感ある戦いも魅力的なんですけどね。

古谷　そうそう。ただ、中に入っている僕からすると、やっぱり人型怪獣との戦いのほうがラク（笑）。それはたぶん、怪獣もそう感じていたはずで（笑）。僕は相手が軽いぶん、思いっきり投げることができた。同様にケロニアも全力で僕を投げることができた。そういう全力の出し合いが、やくさんの指摘した互角の凄《すご》みを演出し、少年たちの琴線に触れるハイスパートな戦いに繋《つな》がったのだと思いますね。

それから、もうひとつ忘れてはいけないのは、ケロニアのスーツアクターだった扇幸二さん。彼の受け身は素晴らしかった。あの受け身の数々は芸術的ですらありましたよね。投げられ方？　やられ方とでもいえばよいのかな、とにかく技を出したこちらの気持ちがスカッとするくらいにバーンッと吹っ飛んでくれて。なにか自分はもっと動けるんじゃないか、もう少しハードに攻めることができるのではないかと錯覚してしまうくらい、派手に吹っ飛んでくれましたね。

佐々木　以前に、プロレスラーの〝超獣〟ブルーザー・ブロディにインタビューしたことがあるんですね。

古谷　名前は聞いたことがあります。

ジャイアント馬場の証言によれば、両足で蹴るドロップキックは男気がいるらしい。それを受けるケロニアのスーツアクター扇幸二氏の受け身も見事だった

佐々木　めちゃめちゃ強かったレスラーなんですよ。悪役レスラーなのに、その破天荒な強さで絶大な人気を誇っていました。ブロディはいわゆる一匹《いっぴき》狼《おおかみ》で、どの団体にも束縛されず、全米各地のリングで活躍、どのリングでも地元の観客の支持をバックにメインの試合を務めていて。そんなブロディに「これまでの最高の試合は誰との戦いでしたか？」と問うと、彼は「誰との戦いではない。対戦相手が受け身に優れていること。それが最高の試合に昇華させる絶対条件だ」と言ったんです。

古谷　ほう、そうですか、はいはい。

佐々木　続けてブロディは「なぜなら、相手の受け身がヘタだと、私の技がきれいに映えない。痛さも客席の奥まで伝わらない。それが最高の受け身をしてくれる対戦相手の場合、私の前蹴り一発で会場が一瞬にして熱狂する。なにせ私が気持ちよくなるくらいに豪快に吹っ飛んでくれるのだから。受け身の名人になると、前蹴りを食らっただけでロープを越えて場外まで吹っ飛んでくれる。そんな名人が対戦相手だと、自分は今、キングコングのように強いと思えてくる。そうなると、私は自然に〝バーニング・ゾーン〟へと突入できたんだ」と言っていたんですよね。

古谷　〝バーニング・ゾーン〟？

やく　アスリートが極限の集中力を発揮したときに「ゾーン」という言葉を使ったりしますね。それのことかな？

佐々木　はい、そうです。ブロディは「ゾーン」は「ゾーン」でも、自分の場合は〝バーニング・ゾーン〟だと言っていて、「突入したとたん、自分の筋肉がフル活動しはじめるのがわかる。たぶん、いつもより5㎝は高くジャンプできたと思う。相手の動きも冷静に読めて、自分の最善の動きを、考えなくても勝手に体が表現してくれる。思った以上に足が上がり、普段よりもエゲつないキックを無意識のうちに相手の顔面にぶち込むことができる。その一発で、また会場は大熱狂し、誰もが私の名前を呼び続けるのだよ」と胸を張って答えていました。

古谷　当時、その〝バーニング・ゾーン〟に僕が突入できていたかどうかわかりませんけど、ケロニア戦はそれに近い境地だったのかもしれませんね。そう考えると、やくさんが指摘していたケロニア戦における僕の動きがキレッキレだったことも納得でき、繋がっていく話です。

佐々木　これはしつこくブロディが言っていたことなんですが、その〝バーニング・ゾーン〟に入れるかどうかは相手次第。自分ひとりの力では突入できないらしいです。そういう意味でも、古谷さんがおっしゃっていたように、扇幸二さんの受け身の秀逸さは、もっと高く評価されるべきでしょうね。

古谷　そう思います。

佐々木　扇幸二さんは、まさにスーツアクター界のリック・フレアーとでも言えばよいのかもしれません。

古谷・やく　？

佐々木　プロレスファンにしか伝わらないたとえだったですね。元NWA世界王者、リック・フレアーは受け身の天才でして、自らコーナーポストに駆け上がっても、必ず相手に捕まり、豪快にデッドリードライブで投げられてしまう。その投げられっぷりのよさはプロレスの世界遺産みたいなもんでした……すみません、わけのわからない話になってしまいまして……。

やく　大相撲になぞらえられたり、プロレスの話を持ってこられたり、古谷さんも大変だ（笑）。

古谷　（笑）。

★ウルトラマンのファイティングポーズがエヴァンゲリオンに受け継がれた理由

佐々木　それはそうと、古谷さん。

古谷　はい。

佐々木　ひとつ確認したいことがあります。ケロニア戦でも見せていましたが、独特な猫背の前屈《まえかが》みのファイティングポーズ。
古谷　はい。
佐々木　あれはアニメ『新世紀エヴァンゲリオン』の初号機のファイティングポーズと一緒だということはご存じでしたか？
古谷　はい、知っていました。以前、円谷プロのスタッフに教えていただきましたから。
佐々木　『新世紀エヴァンゲリオン』を観たことは？
古谷　あります。初号機を観て、まんまウルトラマンだな、と（笑）。好きですからねえ、庵野秀明監督はウルトラマンを。
佐々木　2016年にNHK BSプレミアムで放送された『祝ウルトラマン50　乱入LIVE！　怪獣大感謝祭』という番組で庵野監督がインタビューを受けていて、こんな発言を残しているんです。
「『面白いものを作りたい』ということしかないですね。で、その『面白いもの』とはなにか？ということになると、もうこれは子供の頃にたまたま『ウルトラマン』を観たことで決められてしまったとしか言えないです。それだけ子供の頃に受けたインパクトは強烈で、自分で消したりいじったりできません。『ウルトラマンみたいなものを作りたい』というのが、自分の創作に対するモチベーションの何割かを占めているのは確かですし、たとえば『ウルトラマン』じゃないものを作りたいと考えた場合でも、そこには『ウルトラマン』という基準が存在するわけですからね」

重要なのは、この「『ウルトラマン』という基準」のような気がします。つまり、これって創造のリレーをしているのだと思うんですね。昭和の『ウルトラマン』の創作のキラメキが平成の『エヴァンゲリオン』のキラメキに繋がり、そして令和の『シン・ウルトラマン』（庵野秀明企画・脚本／公開調整中）に繋がっていく。ひとつの作品が時を経て綿々と受け継がれ、その意思は別の作品にも受け継がれ、別の形で光を放ち、人々を熱狂の渦に巻き込んでいる——。

古谷　身震いするほど、素敵で魅力的な創作のリレーだと思いますね。その観点からいえば、僕も若き日に観たジェームズ・ディーンの『理由なき反抗』から、あのポーズを作り出したわけでね。初めてジェームズ・ディーンが猫背でナイフを構えた姿を映画館で観た

ウルトラマンといえば、この独特な猫背のファイティングポーズ。ジェームズ・ディーン→古谷敏→エヴァンゲリオンへと受け継がれていった

ときは衝撃的でしたもの。ゾクゾクッとするような青年の色気と刹那的なやるせなさに心が沸き立ちました。その衝動がウルトラマンのファイティングポーズとなり……。

佐々木　エヴァンゲリオン初号機パイロット、碇《いかり》シンジに受け継がれ、また『シン・ウルトラマン』に繋がっていく、と。

やく　エヴァンゲリオンのくだりはゴメンナサイ、正直よくわからなかったんだけれども、『理由なき反抗』は私も観てます。古谷さんが衝撃的だったとおっしゃったジェームズ・ディーンのナイフを持っての喧嘩《けんか》のシーン。相手は不良学生のバズという男だったのですが、ひとつの裏話として、お互いのナイフを本物にしようということになったみたいで。

古谷　そうだったんですか。

やく　それで撮影スタート。緊迫したやり取りの中で、ついジェームズ・ディーンの耳がバズのナイフによって切られ図らずも出血してしまったんです。そこで監督のニコラス・レイが危険だと判断したのかカメラを止めた。すると、カメラを止めたことにジェームズ・ディーンは「せっかくリアルだったのに、なぜ止めた！」と怒鳴ったらしいんですよ。もしかしたら、ジェームズ・ディーンも撮影中、俳優としてのある種の「ゾーン」に突入していたのかもしれません。

古谷　こちらの「ゾーン」の話も、うまいこと繋がりましたね（笑）。

第7位
ギャンゴ

4分10秒の大激戦で露呈した
ウルトラマンの致命的“弱点”

脳波怪獣　ギャンゴ
身長／2.2～50m
体重／60kg～6万t

やく　ちょっといいですか。
佐々木　はい、どうぞ。
やく　「不滅の10大決戦」第7位の発表の前に、前回の8位ケロニア戦で言い忘れたことがあるんですが。
佐々木　えっ、あれだけ語り尽くしたのに！
やく　そう（笑）。なにせケロニア戦でしか披露されなかった〝ウルトラアタック光線〟に関して十分に触れていなかったですし。古谷さんに確認したいこともありますし。
古谷　はい、どうぞ（笑）。
やく　ウルトラアタック光線、あの突きのポーズは、ご自身で考案されたのですか。
古谷　そうです。僕があれこれ考え、そのポーズを見て監督（樋口祐三氏）がＯＫを出しましたね。
やく　第31話「来たのは誰だ」（ケロニア登場）の台本をもらったときに、ウルトラアタッ

拳を力強く握り、脇を締める、空手の基本ポーズ。見逃しそうなシーンではあるが、深く掘り下げていくと、その先に新たな事実が見えてくる

勢いよく突いた右腕から、白い螺旋状の光線が放たれる。これぞ、ウルトラアタック光線の極意！

ク光線について書かれていたりとかは？　例えばト書きに「ウルトラマン、新しい光線技を出す」みたいな。

古谷　いいえ、なにも書かれていませんでした。

やく　それはまた、いきなりですね。

古谷　いきなりもなにも、現場に行くと監督から「今回はスペシウム光線が効かない。代わりに新しい光線技を繰り出すことになった。だから、光線を出すポーズを考えてよ」と言われて。

やく　そのポーズにあとから映像処理を加えて。

古谷　そうです。

やく　それにしても、その場でよくぞあのポーズを考えつきましたよね。まあ、古谷さんの動きがウルトラマンなのだから、これでやる、とご本人が決めればなんの問題もなかったでしょうが（笑）。

古谷　それはそのとおりですけど、それでもそれなりに悩みましたよ、やっぱり。その日の撮影も差し迫ってきたし、早くポーズを決めなきゃと少し焦っていました。結局、何パターン作ったんだろう……。ああでもない、こうでもないと動いてね。まずは手を開いて、あれこれ動いているうちに、偶然に開いた手がクロスするような形になってしまい、これじゃスペシウム光線になっちゃうとやり直したり（笑）。

佐々木　そうか、スペシウム光線との差別化を図るために、突きのグーパンチの形にしたのですね。

古谷　そういう意識もあったのでしょうね。それでなんとか試行錯誤しているうち、あの突きのポーズに落ち着いたわけです。監督の樋口さんも「いいんじゃないか」とOKを出してくれましたし。

やく　もしメイキング映像でも撮っていれば、大笑いの画《え》になっていたかもしれませんね。もちろん公開はNGでしょうけれど、それにしましても監督にとっての決め手はなんだったのだろう。

古谷　単純に、あの突きのポーズを出したときのカッコよさだったんじゃないですか。それとウルトラマンとしての動きの中で、あのポーズがハマるかどうか。あとは映像的なバランスも考慮したのだと思います。

やく　最終的に突きの形に落ち着いたのは空手を習っていた下地が大きかったという部分も？

古谷　それもあると思います。自分が慣れ親しんだ動きを追い求めた結果といいますか、感覚的にボクシングのような動きじゃないだろうなとは思っていましたね。

佐々木　ボクシングのフットワークを活《い》かしたジャブのようなパンチの形だと重みがないと判断したのかもしれませんね。

古谷　ああ、そうかも。どっしり感ですかね。なにせ必殺のスペシウム光線が通じなかった事実は大きいと思うんですよ。いや、大きかったと考えたのでしょうね、当時の僕は。とにかく切り札が切り札にならなかった。となると、次に繰り出す技は相当な説得力を持たせなければならない。なのに、そのポーズが軽いイメージだと子供たちもがっかりするだろうし、そこはどっしり感を前面に押し出した、これぞ渾身の力を集約させた一発を繰り出せるポーズにしなければ、と考えたのでしょう。そういう想いがグルグルと僕の頭の中で駆け巡り、最終的には地に足を着けた空手の突きのポーズにたどり着いたのではないかと思います。

佐々木　今の話をうかがっていて、空手の世界でよく使われている〝丹田《たんでん》〟という言葉を思い出しました。

やく　佐々木さん、プロレスだけじゃないんだ。

古谷　空手では腹に力を込める、溜《た》めることを〝丹田〟と言いますね。簡単に説明すれば、人間のヘソの下あたりのことを指すのかな。

佐々木　ケロニア戦でのウルトラアタック光線を繰り出す場面を見直してみると、古谷さん、いや、ウルトラマンがちゃんと〝丹田〟に力を込めているのがわかるんです。

古谷　なにせ〝丹田〟に力を入れるのは空手の突き、蹴りにおける基本中の基本ですから。自然と〝丹田〟に力が入っちゃったんじゃないですか（笑）。

やく　今の話で、なぜ古谷さん、いえ、ウルトラマンがウルトラアタック光線においてボクシングのパンチの形を取り入れず、空手にしたのかわかりました。ウルトラマンは切り札のスペシウム光線が効かなかった。こうなると、最後は地球の力を借りようと大地に足を踏ん張り、そこから湧き上がってくる偉大な自然のエネルギーを〝丹田〟に溜め、一気に右手の突きから螺旋状に光線を放った。私は今、そんな妄想をふと、描いてしまいました（笑）。

佐々木　いや、あながち妄想とは言えないかもしれませんよ。空手といえば、あの『空手バカ一代』（作／梶原一騎《かじわらいっき》　画／つのだじろう）の大山倍達《ますたつ》先生。

やく　ゴッドハンド！

佐々木　その大山先生が『極真の精神』という教えの中で、このような言葉を残しているんですね。

「武術では、いつでも最大の効果が身体《からだ》の動きと繋がっているように、意・力・動作がつねに絡み合い、結果として最大の効果ある動きができるように訓練しています。このために考えられたのが丹田です。つまり、腹なんです。自然の大いなる力や精神が丹田にあれば、自《おの》ずと武術の技も丹田から出て手先、足先にスムーズに及ぶ結果となります。そのため、いかなるときでも基本の突き、蹴り、受けは丹田に力を込めていなければいけません」

自然の大いなる力を、やくさんが指摘した地球の力に置き換えて考えれば、ウルトラアタック光線の真実が見えてくるような気がします。

古谷　なるほど。そこまで考えたことはなかった（笑）。

★スペシウム光線の原型は力道山の空手チョップ

やく　ついでと言ってしまうと語弊がありますけども。

古谷　ええ。

やく　せっかくですから、スペシウム光線についても確認しておきたいのですが、老若男女、誰もが知っている、あのポーズはウルトラマン関係の書籍などを読むと、力道山の空手チョップを参考にしていた——と書かれていたりしますよね。

古谷　ええ。

やく　時代を感じるお話ですよね。

古谷　ええ、間違いありません。参考のひとつにしていました。どういう話の流れだったのか、うまく思い出せないのですが、ウルトラマンの必殺技をスペシウム光線にしようとなり、さて、ではどんなポーズで光線を放てばよいかとなったとき、スタッフからも、いろんなアイデアが出たんです。そういう状況の中で、自然に力道山の勇姿が思い浮かんだ

スペシウム光線の原型と思われる力道山の手刀ポーズ写真。当初、古谷氏は右手の部分から光線を放てればと考えたが合成がうまくいかず却下。結果的にあのポーズが完成した。ちなみに、この写真はマルベル堂製作の力道山のプロマイド（写真提供／宮本厚二）

のですね。

佐々木　その話し合いが行なわれたのは、本格的な撮影が始まった１９６６年頃だと思いますから、力道山が死んで３年後のこと。それでも、そんなふうに古谷さんの脳裏に空手チョップが思い浮かぶということは、それだけ力道山が当時、日本に与えていたインパクトは大きかったのでしょうね。

古谷　だと思います。戦後日本の復興のシンボルでしたから。みんな夢中で観ていましたよ、力道山のプロレスを。ガタイの大きい獰猛《どうもう》な外国人選手を相手に劣勢になっても、最後は伝家の宝刀、空手チョップを繰り出して見事勝利。あの劣勢を挽回《ばんかい》する必殺の空手チ

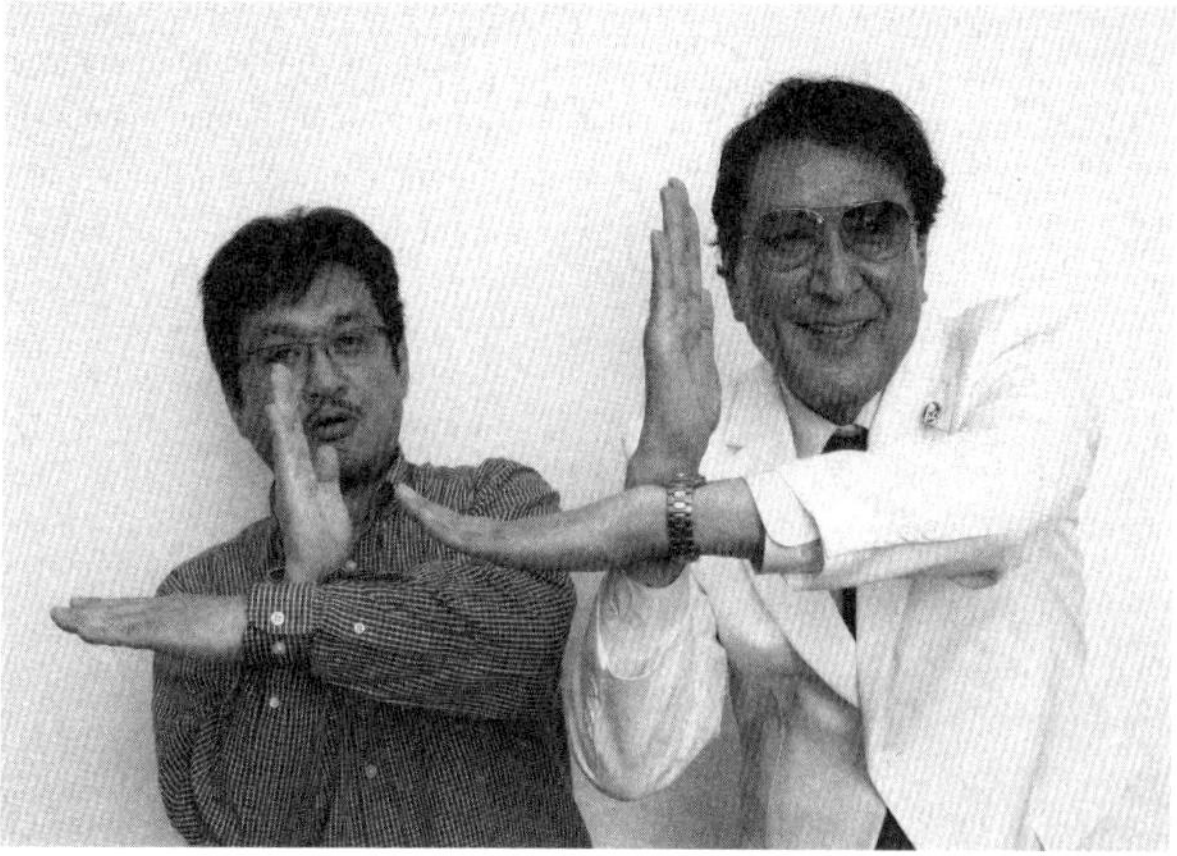

古谷氏曰く「スペシウム光線のポーズのポイントは左手の指先の反り」だそうだ。しかし、古谷氏くらい指が長くないと、きれいに反れなかったりする

ヨップのイメージが脳裏に残っていたのかもしれません。だから、ウルトラマンも狂暴な怪獣に攻められ、万事休すになったとしても、スペシウム光線を放てば逆転できる――そんな願いをも込めてポーズに空手チョップを取り入れようとしたんじゃないですか。

やく　なるほど、必殺逆転技の発想がそこに。

古谷　それで空手チョップの形を基本にして、スタッフとどうすればいいか、あれやこれやと相談しながら、いろんなポーズを試してみたんです。例えば、右手を手刃にし、縦にしてみると必殺技っぽく見えるよね、となったのですが、それに光線を合成すると、どうしても手がブレてダメだとなり、最終的には左手を添えて止めようとなったんです。それが、あの腕を十字に組んだポーズになったわけです。

やく　わずかでも指先がブレてしまうと、合成処理がしづらくなる。トメの静止ポーズは是非モノだったんですね。

佐々木　その力道山には大変興味深いエピソードがありましてね。

古谷　ええ。

佐々木　1962年の秋、新聞社の企画で、チビッ子記者が力道山に突撃取材を行なうことになり、ひとりの小学生がこんな質問を力道山にぶつけたんです。

「力道山さんとゴジラ、本当はどちらが強いんですか？」

その質問に大笑いした力道山は、こう答えました。

「そりゃゴジラだろ。百戦錬磨のワシでも、ゴジラには勝てん。でも、別のなにか、ゴジラくらいデカいなにかになれれば、ワシにも勝ち目がある」

この発言、意味深じゃないですか。もしかしたら、その時点でウルトラマンは誕生していませんでしたけど、力道山はウルトラマンのようなヒーローになりたかったのかも。ベーターカプセルを使い、ウルトラマンに変身したかったのかもしれません。

古谷・やく　ワッハハハ。

やく　黒タイツのウルトラマン（笑）。

佐々木　さらに、いらぬ余談になりそうですが、さきほど紹介した大山先生の半生を描いた漫画『空手バカ一代』の中で、1953年のハワイにおいて大山倍達と力道山が遭遇したエピソードが描かれていまして。

古谷　ほう。

佐々木　ワイキキの浜辺で力道山が大山先生に「空手チョップの真髄を教えてほしい」とお願いするんですね。でも、大山先生は「キミの空手チョップはすでに完成されている凄い技だ。私がアドバイスすることなどひとつもない」と断わっているんですよ。つまり、その時点で大山先生は力道山の空手チョップを〝オリジナル〟だと認めているんです。

やく　力道山の空手チョップは、そもそも相撲の張り手が原型ではないかという説もありますね。

飛行しながらエアシップコンビナート（ケロニア軍団）をスペシウム光線で攻撃するウルトラマン。しかし、その裏には古谷氏の苦悶の表情があった

佐々木　なんにせよ、大山先生と力道山の繋がり、仲がよかったのか悪かったのかも含め諸説ありすぎて、本当のところはよくわからなかったりするんですよ。そのハワイでの遭遇にしても、梶原一騎先生が書いたことですから――。

古谷・やく（笑）。

佐々木　どこまでリアルガチで、どこまでがファンタジーなのか……。

古谷　そういえば、ケロニア戦の最後に飛行しながらスペシウム光線でエアシップコンビナート（ケロニア軍団）を破壊するんですけど、あのときの撮影、けっこう辛《つら》かったんですよね。

やく　空中でケロニア軍団を追尾、1機また1機と撃ち落とすシーン。

古谷　撮影の裏話になってしまいますが、跳び箱の台のようなところに僕がうつ伏せになって、スペシウム光線のポーズを取り続けたんです。それをあとからスペシウム光線が放たれたように合成する、と。でも、時間が経つにつれ、だんだんと背中がしんどくなってきてね（笑）。

やく　ああ、わかります、そのニュアンス。『アメトーーク！』の女性タレントによる体力測定で、背筋の反り具合を測るときに両足首を人に押さえてもらって反るようにしますが、しんどそうですものね。あの体勢を続けるのは、ウルトラマンといえど、そりゃキツい。

古谷　たぶん、あの体勢のままだと〝丹田〟が使えないから、余計に辛かったのかもしれませんよね。うつ伏せの状態で足首を持たれたままだと、腹に力が入りませんもん（笑）。この対談で、やはり何事も〝丹田〟が大事だと気づかされました（笑）。

★ウルトラマンはなぜギャンゴとの戦いに勝てなかったのか

佐々木　ええっと、いい加減、第7位の発表をしないと。

やく　そうですよ。

佐々木　そうですよって、やくさんがウルトラアタック光線の確認を始めたから。

やく　（無視して）第7位は熱海《あたみ》での水中決戦となった、ギャンゴ！　これまた意外な選出だったんじゃないでしょうか。

古谷　おお、ギャンゴちゃん。

佐々木　では、戦いを振り返ってみたいと思います。

不滅の10大決戦　第7位

脳波怪獣　**ギャンゴ**　　身長／2・2〜50m・体重／60kg〜6万t

【バトル・プレイバック】

ハヤタ、水中で変身し、海の中からウルトラマンが飛び出す。水の中を覗《のぞ》き込んでいたギャンゴは驚いて後ろにひっくり返るも体勢を整え、戦闘準備。ウルトラマン、右手人差し指で「来い、来い」と挑発したあと、パンチやキックで威嚇するギャンゴに対し猛然と突進。飛び上がっての脳天チョップ。痛がるギャンゴ。しかし、それはフェイクで、歩み寄るウルトラマンの足をつかみ、ひっくり返すというセコい手段を取り、優位なマウントポジションからの体重押し潰し攻撃。だが、ウルトラマン、ここでギャンゴのお腹《なか》をくすぐるというファニーな攻撃を見せ、脱出して

大善戦だった脳波怪獣・ギャンゴ。人間の脳波を感知して変形する隕石が悪人の思念で怪獣化。有機体の生命ではないため、体が傷ついても戦闘能力は低下せず。それがウルトラマンを苦しめた要因か

みせる。

事態を好転させようとウルトラマンは走りながら飛び蹴りを放つも、ギャンゴは機敏に攻撃を回避し、無残にもウルトラマン、そのまま海へ。その様子を小バカにするギャンゴ。怒ったウルトラマン、海中からギャンゴ目がけて両手で水をかけるという今どき湘南《しょうなん》の海のカップルでさえしない攻撃を仕掛ける。後ずさりするギャンゴに、ついにスペシウム光線を放つかと思いきや、ギャンゴのやめてやめてのかわいそうぶりっこに同情したウルトラマンがポーズを解き、脳天チョップ攻撃へと繋ぐ。その攻撃でアンテナ状の耳をへし折られたギャンゴは方向感覚を失い、酔っ払いのようにクルクル。気がつけばカラータイマーが赤へ。そこでウルトラマン、ギャンゴの背後に回り、前蹴りを食らわせ、海へと叩き落とす。

海から這《は》い出したギャンゴは腕を十字にしてのスパーク攻撃を試みようとするが、海に浸《つか》っていたためか、あえなくショートを起こし、自分が傷つくことに（スペシウム光線のポーズのマネをしたのではないかという説も）。それでも怯《ひる》まず、闘牛のような突進を見せるギャンゴ。その突進を跳び箱の要領でかわしてみせるウルトラマン。

この終わりが見えぬ戦いに終止符が打たれたのは、病室の鬼田（悪知恵が働く愉快犯）が目覚め、警察の「早く怪物のことを忘れるんだ」の一言で我に返ったときだった。思念が消えたことによってギャンゴは消滅。ウルトラマンはギャンゴに決定的な一撃を食らわすことが敵《かな》わず、結果的には無念のドロー決着となった。

佐々木　まずはやくさん。なぜにギャンゴ戦を栄光の7位に。
やく　まあ、こう言っちゃなんですが、強豪怪獣ではないんですよ、ギャンゴは。
佐々木　戦いぶりも、ちょっとね。
古谷　（笑）。
佐々木　古谷さんがギャンゴちゃんと〝ちゃん〟付けしちゃうくらいですから。
古谷　ワッハハハ。
やく　おふざけみたいな怪獣なんですけども、それなのに決戦シーンはなんと4分10秒もかかっている。
佐々木　えっ、3分どころか驚異の4分超え！

やく　たまたま鬼田の意識が回復してくれたからよかったものの、あのまま格闘が続いていたら、果たしてウルトラマンはどうなっていたか。あんな〝おちゃらけた怪獣〟が、あそこまでウルトラマンを苦しめた。そういう意味では大善戦なんです。ソコをまずは正しく評価したいと思っております。

古谷　そうか、４分以上も戦っていましたか。そりゃ大善戦だ（笑）。

やく　その意外な強豪ぶりを称《たた》えたいんです、私といたしましては。

佐々木　どうにもウルトラマン、ギャンゴ戦に限っていえば、相手のペースに合わせちゃっていますね。

やく　ウルトラマンも若干おちゃらけてるといいますか、めったに「来い、来い」みたいな挑発ポーズは見せないですからね。

古谷　確かに。まあ、うん、かなりコミック的な決戦でしたかね。

やく　さらにボクシングのようなフットワークを取り入れてもいらっしゃる。

古谷　ん？

やく　さきほどウルトラアタック光線の話の中で、〝どっしり感〟がポイントだったことが判明しましたよね。そう考えるとギャンゴ戦はコミカル要素の多い戦いになった。それで無意識のうちに古谷さんが画面に軽《かろ》みを出すためにボクシングのフットワーク動作を取り入れたのではないですか。

古谷　ああ、そうかもしれません。

佐々木　古谷さんはボクシング的なファイトは好きではなかったんですよね。

古谷　ええ、あまり好きじゃなかったです。

やく　くすぐり攻撃もウルトラマンとしては……。

古谷　あまりしたくはなかった。

やく　そうなると、やはりあえてギャンゴ戦＝コミカル＝軽《かろ》み——このことを茶の間に伝えるために、ボクシングの動作を入れたと想像します。

古谷　ですね。画的にもウルトラマンの動きを軽く見せないと、ギャンゴのよさも活きてきませんし。

佐々木　今の言葉、第7位のギャンゴ戦のテーマを的確に突きましたね。

やく　これはあくまでも偶然なんですが、第8位のケロニア戦と第7位のギャンゴ戦は、

〝対のもの〟と考えてもよろしいんじゃないでしょうか。画的に重さと軽さが対になっている。

古谷　ええ、まさに対だと思います。

佐々木　それと、このギャンゴ戦で語っておかなければいけないのは、今や伝説となっている「古谷敏溺れかけ事件」なのですが。

古谷　ひどい目に遭いました（笑）。

やく　撮影前にプールに入る、水の中に潜るという打ち合わせはあるわけですよね。

古谷　ありました、大雑把に（笑）。

やく　でも、誰も古谷さんが溺れるとは想定されていなかった。

古谷　誰も思っていなかったですね。当然、僕も思っていませんでした。

やく　当時、マスク&スーツに水が抜けるような配慮はされていなかったんでしょうか。

古谷　されていなかったですね。水が入ってきたら、入ってきたまんま。どこからも水を抜くことはできませんでした。ウルトラマンが飛び蹴りをスカされ水の中に落ちるでしょ。その瞬間から、地獄が始まりましたよね。目のところに視界を確保する小さな穴が開いて

マスクの目の下、視界を確保する小さな穴から水がコポコポと入り込み、古谷氏は誰もが予想しなかった絶体絶命のピンチに陥る

いるんですけど、そこからコポコポと水が入ってきて。

やく　ああ、そりゃダメだ。ちょっと考えれば、わかっていそうなものなのに。

古谷　今も言いましたように、どこからも水が抜けないので、どんどんマスクの中に水が溜まってくる。マズいぞ、このままだと溺れてしまうと必死に両手両足を動かし、プールの縁にたどり着いた感じです。

佐々木　水中の撮影なのだから、もう少しスタッフも配慮してもよかったと思うのですが。

古谷　もちろんスタッフも緊張感を持って撮影に臨んでいましたよ。ただねえ、彼らからすると水より怖いのは火、爆薬のほうなんです。そのため、ウルトラマンがプールに落ちたぐらいでは緊急事態にはならないだろう、と思っていたんじゃないですか。でも、現実は水って怖いんです、本当に。

やく　ウルトラマンのほうがジャミラよりも水に弱くちゃシャレにならない（笑）。

古谷　なんにせよ、テレビにおける特撮の黎明期《れいめいき》の話ですし、そういう失敗を繰り返した結果、マスクやスーツが時代とともによりよく改良されたみたいですから、僕の苦労も少しは報われたかな、と思っています。だけど、う〜ん、それは今だから言える言葉かもしれませんね。ギャンゴ戦の撮影後、僕は監督に「もう水中での戦いはしたくありません」って訴えているし（笑）。

やく　切実すぎます！　ウルトラマン、命がけの直訴！

佐々木　その危険な水中での決戦後、悪党の鬼田の覚醒によって、ギャンゴは消え去ってしまうのですけど、これはドロー決着と判定するべきなのでしょうか。

やく　ソコもなんですよ、私が第7位に選んだのって。決着が曖昧なぶん、妄想が広がりやすい。むしろ、妄想を存分に楽しむことができる。あの時点で、もし、鬼田が覚醒しなかったとしたら、果たしてウルトラマンはどんな戦術を取っていたか。

古谷　やくさんはどんな決着になったと考えています?

やく　そうですねえ……。ギャンゴ戦でウルトラマンはスペシウム光線を出さずじまいだった。なので我慢できずにスペシウム光線を放っているとは思うんですが……。

古谷　なにか引っかかる点でも?

やく　ギャンゴはほら、鬼田の思念が正体ではないですか。思念に対し、スペシウム光線が物理的に通じるかどうか疑問なんです。

古谷　ほう、それは鋭い。

やく　となると、もしかしたらですよ、ケロニア戦よりも早く、このギャンゴ戦でウルトラアタック光線を放っていたのではないか。それこそ思念に打ち勝つのは地球の大いなる力を借り――。

古谷　〝丹田〟にも力を込めて(笑)。

やく　渾身の一発を放ち、見事ギャンゴを粉砕した――かもしれない。

佐々木　おお、パチパチパチ。

やく　そんな妄想を繰り広げられ、楽しむことができるんですから、やっぱりギャンゴ戦を第7位に選出したのは大正解でした。

第6位
ザンボラー

俳優は命がけ！
火焔地獄の戦いで見せた円谷プロの特撮魂

灼熱怪獣　ザンボラー
身長／40m
体重／2万 t

佐々木　おかげさまで、ご好評いただいている『ウルトラマン不滅の10大決戦』なのですが。
古谷　そうなんですか（笑）。
佐々木　そうなんです！　とくに初回冒頭のやくさんのウルトラマンに対する想いの書き下ろしが胸に沁《し》みた、という意見が多数寄せられておりまして。
やく　この世代の共通認識なんでしょうけど、思い入れがハンパないんだもの。
佐々木　でしょうね。その書き下ろしでも触れられておりましたけど、いや本当に、古谷さんのスタイルが変わっていないことに改めてビックリポン。当時のウルトラマンのスタイルをまんま維持されていますよね。
古谷　いやいや、そんなことはないです。やっぱり当時と比べたら体重は増えていますよ。
やく　スーツの中に入っていたときのご自身の体重は、何kgでした？
古谷　59～60kgかな。自分で言うのもなんですが、この身長で体重が約60kgというのは、なかなかほっそり痩せていましたねえ。

やく　その体の細さで思い出すのは、なんといっても古谷さんが演じた『ウルトラQ』のラゴン（1966年5月15日放送の第20話「海底原人ラゴン」）です。ラゴンの上半身の細さが、いかにもラゴン！という感じで、強く印象に残っています。

佐々木　ボクもそうですね。ケムール人の足の細さも印象的でしたけど、ラゴンの上半身の細さは、ちょっと異世界の雰囲気を漂わせていましたから。なんだろう、女性の上半身でもなく男性の上半身でもない、どこか中性的な造形でしたもんね。

やく　そういえば『ウルトラQ』のラゴンは女性でしたよね。この場合、メスと呼んだほうが正しいのかもしれませんが。

古谷　ええ。産後間もない女性？　メスでしたね。

やく　当時はラゴンのスーツに入りながら、女性の動きを意識されていたのですか。

古谷　はい、意識していました。女性本来のしなやかさや、何気ない所作をどのように表現すればよいか、ラゴンは人間ではないですけど、自分なりに考え、ひとつひとつの動作に気を遣って演じていましたよね。それと、ケムール人との違い。

やく　そうでしたか！　ケムール人が登場した第19話「２０２０年の挑戦」の放送が１９６６年5月8日。そして、ラゴン登場の第20話「海底原人ラゴン」の放送が１９６６年5月15日。２週続けて古谷敏がスーツに入っているわけで、ご本人としたら同じではいけない――という強いプロ意識が働いていたのでしょう。

古谷　ええ、そうです。茶の間で観ている人たちは気づかないかもしれませんけど、やっぱりね、続けての放送でしたから、役者としてはケムール人とラゴン、違った生き物のように演じなければ、と思っていました。それがまあ、口幅ったいですが、役者のプライドだと思っていましたし。まずは歩き方や走り方から変えてみたんです、ケムール人とラゴンの。その違いを映像で再確認してみるのも楽しいかもしれませんよ（笑）。

やく　クライマックス、ラゴンが自分の子供を引き取りに漁港に現れるシーンでは見事に母性まで表現されていましたものね。表情のないはずの母ラゴンに子を慈しむ感情が見てとれる。視線の見遣《みや》り方や肩の表情、警戒しながらも歩を進める足の運びなど、すべてにむずかしい演技が要求されるシーンでしょう。

佐々木　生粋の演技人、役者だったのですね。

ラゴンが子供を引き取りに漁港に現れたシーン。古谷氏の演技はラゴンの母性までも醸し出している

古谷　いえ、生粋というより……そう躾《しつ》けられてきた、と言ったほうがよいかもしれません。

佐々木　東宝時代に。

古谷　ええ、東宝の大部屋時代に。現場での監督をはじめとするスタッフ、先輩の役者さんたちに、役を与えられたら、とことん悩め、考えて演じろ、それが演技人だと厳しく諭されていたんです。例えば、通行人Aの役をもらったときに、いくら端役でもボーッと歩くだけではいけない。なぜ自分はその道を歩いているのか、どんな用事を済ませ、どこに向かおうとしているのか。そこまで自ら想像し、通行人Aに命を吹き込まないと演じたことにはならないと言われましてね。

観客は当然、主演の役者さんたちの動きやセリフに集中しているでしょうけども、彼らのそばを歩く通行人Aが〝その瞬間を生きている通行人A〟であれば、よりフィルムにリアルさが漂うし、スクリーンや画面が引き締まると教えられていたんですよ。通行人Aのことなんか観ている者は気にしなくても、演じている者が架空の人生を背負い、作品の中で生きていることを実践してみせる——それがとても大事なことなんだよ、と躾けられていたのです。

佐々木　いみじくも今の発言が、第9位のアントラー戦で指摘した、スタイルのよさだけで古谷敏がウルトラマンに選ばれたわけではないことの証明ではないですかね。

古谷　いやいや、円谷英二御大が「東宝の大部屋の役者に背の高い、痩せているヤツがいるから、アイツをケムール人の中に入れろ」と言ったのが始まりでね（笑）。で、用意されていたケムール人のスーツに入ってみると、これがピッタリ（笑）。

やく　いやいやいや、始まりはそうだったかもしれませんけど、さきほど古谷さんがおっしゃっていた、ケムール人とラゴンの歩き方や走り方の違い……そこまで意識して演じたからこそ、円谷御大らはウルトラマンという大役を古谷敏に任せても大丈夫だと思ったはず。古谷敏なら必ずやウルトラマンの内面も演じてくれるに違いない、その演技力が原動力となり、『ウルトラマン』が単なる子供番組という枠をも超越した、後世にまで語り継がれる空想科学番組になると確信したのではないでしょうか。

ケムール人→ラゴン→ウルトラマンという一連の流れは、それこそ運命だったのかもしれませんけども、そこには古谷敏の役者としての熱き魂を感じることができます。

古谷　ありがたいですが、ちょっと気恥ずかしいかな（笑）。

やく　たぶん、その事実を冷静に見つめ続けていたのが『ウルトラマン』のメイン脚本家、金城哲夫さんだったと思います。つまり、ケムール人→ラゴン→ウルトラマンの流れが第9位のアントラー戦で古谷さんが紹介してくださった金城さんの言葉「マスクを着けてスーツの中に入り、背中のチャックを閉めた瞬間、古谷敏はウルトラマンという宇宙人になる。だから、敏ちゃんの動きがウルトラマンの動きだし、ウルトラマンの動きは敏ちゃんそのものなんだ」に繋がっていくのですよ。

古谷　僕なりに顔が出なくても、ウルトラマンのスーツの中で役者魂らしきものをたぎらせていたのは本当です。全39回の戦いにおいて、怪獣が現れた、ウルトラマンが派手に登場し、パンチやキックを見舞い、最後はスペシウム光線を決め、一件落着、空に飛び立つ――と形式的に考え取り組んだことは一度もありませんでした。

戦いひとつひとつに、なぜ怪獣は現れたのか、この怪獣は単に人類を苦しめるためだけに地上に現れたのか、他に目的があるのか、だとしたら、攻撃を受け止める自分（ウルトラマン）はどのように戦えばいいのか。

他にも、強い怪獣に対し、自分はなにを信じ、なにを願いながら戦うべきなのか。また、スペシウム光線で怪獣を倒すことが本当の終焉《しゅうえん》、地球の救いとなるのだろうか――たった3分弱の戦いでしかありませんでしたけど、その3分弱に、僕は演じる者のプライドや心意気といったものを奮い立たせ、本編の脚本を踏まえた上で、もうひとつの自分だけのストーリーを作り上げてから、怪獣との戦いに臨んでいたんです。

やく・佐々木　なるほど。

古谷　東宝の13期生のニューフェイスに、児玉清さん（2011年5月16日没）がいらして。

やく　以前、児玉さんが司会をされていた『パネルクイズ　アタック25』（朝日放送）で、ご一緒させていただきました。

古谷　そうでしたね。で、いつ頃の話か忘れてしまったのですけど、あるとき、児玉さんがこんなことをおっしゃったそうです。

「東宝は星の数ほどの映画作品を世に送り出してきた。その中には優れた文芸・芸術作品も含まれている。素晴らしい監督、優秀な俳優、女優を輩出し、育ててきた。それなのに、時が経つにつれ、芸術作品のような映画であっても、次第に人々の記憶から消えていく。消えないまでも、うっすらとしかシーンを思い出せなくなる。ましてや、その作品の監督は誰だったのか、演じていた役者は誰だったのか、すぐには思い出せないケースもある。

でも、ウルトラマンは違う。どんなに時代が移り変わろうとも、ウルトラマンの文字を目にした瞬間、誰もがスペシウム光線で怪獣を倒した、あの勇姿を思い出すことができる。しかも、ひとりひとりが自分だけのウルトラマンを心の中に想い描ける。例えば、ある人はハヤタ隊員がベーターカプセルを光らせ、ウルトラマンが飛び出てくる、あの象徴的なシーンを思い出す。また、ある人は雪山でのレッドキングとウルトラマンの戦いを思い出したり、空へ逃げていくヒドラに向けてスペシウム光線を放てなかったウルトラマンの苦渋に満ちた表情と仕草を思い出したりする。このように世界中の人々の心に、いつまでも鮮明に生き続けているウルトラマンは凄いとしか言いようがない。それにしても、なぜウルトラマンは時が経っても、思い出の色合いが鮮明なのだろうか……」

最後に、このように〝鮮明〟について疑問も述べていて、僕も一時、なぜかな、と考えてみたことがあるんですけど、納得できる答えは見つかりませんでした。いまだによくわからない。ただ、流行などにとらわれない脚本のクオリティの高さは当然のこととして、他にも僕が自分なりのストーリーを構築し、3分弱の戦いを必死に繰り広げてきたからなのかな、と思うこともあります。ときにウルトラマンの心の葛藤すら、すべてさらけ出してね。

やく そうだと思います。実は、私たちの中ではいまだに全39戦が終わっていないような気がするんです。今でも脳内でウルトラマンが戦っている。よい例が第7位のギャンゴ戦で語り合った〝その後の戦い〟です。悪党の意識が戻らなかったら、ウルトラマンはどのようにしてギャンゴを倒していたか。それを妄想という言葉で表現しましたが、結局のところ、私の頭の中ではウルトラマンとギャンゴは戦い続けている。だから、新鮮なんです。

どんなに時代が過ぎようと、いつでも、あの戦いに還《かえ》っていける。還れるから、決して色《いろ》褪《あ》せないわけです。

古谷　ああ、それはわかりやすい。さきほども言いましたように、僕からすると、3分の命、カラータイマーが青から赤に変わる、その3分の時間がすべてじゃないんですね。そこには僕なりに作り出したウルトラマンの汗だったり、人間、地球人には見えない涙だったりが確かに存在し、独自のストーリーが紡がれている。その行為は3分にとらわれることなく、永遠という2文字に置き換えることができるのかもしれないですよね。同じように、テレビの画面を通して、その戦いを観てくださった人たちもまた、自分だけの戦いのストーリーを作り上げることにより、子供が大人になっても、いつでも還っていけるのだと思います。

佐々木　今もボクはウルトラマンの文字や画像を目にすると、鮮明に第20話「恐怖のルート87」が心の中で甦《よみがえ》ってしまう。ヒドラ戦の最後、国道87号で無残にもトラックに轢《ひ》き逃げされたムトウ・アキラ少年の魂を背負って翔《と》ぶヒドラに向かってスペシウム光線を放てないウルトラマンの苦悩……作品的にはそこまでしか撮られていませんけど、ボクもやくさんと同様に〝その後〟に心が飛んでしまうんです。
ボクの心の映像ではスペシウム光線を放てなかったウルトラマンはそのまま空に飛び上がり、ヒドラと並ぶように飛行を続け、アキラ少年の魂を慰めるように手を振りながら離れていく。ボクのこのストーリーは自分が死ぬまで何度も何度もリフレインされ、新鮮なまま心の中に映し出されるでしょうね。それもこれも、古谷さんが金城さんの脚本を踏まえながら、自分なりにヒドラ戦で人間には見えない涙をウルトラマンに流させたからだと思います。

やく　その流れでいえば第30話「まぼろしの雪山」もしかりですよね。今日《こんにち》、あの作品は金城さんによる沖縄に対する差別や迫害の暗喩《メタファー》と解釈されていますけれど、そうした回でのウルトラマンの格闘には明らかな逡巡《しゅんじゅん》が見てとれる。怪獣にこれ以上暴れられては困るが、その背景に汲《く》むべき事情――社会問題と言い換えてもいいかもしれない――があるときには、ウルトラマンは逡巡する。観ている子供たちは、もちろん差別問題までは感知し得ないんだけれども、子供なりにこの物語はなにかをいわんとしている、と感じ取ることはできると思うんです。そのときのウルトラマンの戦い方が常とは違うと。

「怪獣を倒さない回があってもいい」という古谷氏の助言が出発点となり制作された第30話の「まぼろしの雪山」

古谷　マズいですねえ。

佐々木　えっ、なにがです？

古谷　今回は僕がけっこうな寄り道、回り道をさせてしまった（笑）。

佐々木　いいんです！　この対談は寄り道、回り道してナンボだし。

古谷　ワッハハハ。

やく　では、第6位の発表を。

佐々木　いやいやいやいやいや、待って待って。ボクもあとひとつだけ、寄り道させて。

古谷・やく　どうぞ（笑）。

佐々木　ラゴンのことなんですが。

やく　またラゴン（笑）。

佐々木　第4話「大爆発五秒前」で巨大化したラゴンと戦うじゃないですか。正直なところ、どんな感じなんですかね、前に自分が中に入り、演じていたラゴンと戦うというのは。

古谷　う〜ん、どんな感じも〝いつの間にか、ラゴンってスタイルが悪くなったよな〟と（笑）。

やく・佐々木　ブッハハハ。

古谷　ラゴンのスーツアクターは泉梅之助さんといって、古くからの僕の知り合いでね、会えばいつも、そうやってお互いに軽口を叩き合っていたんですよ。そうそう、泉さんは長く旅役者だった人で。

やく　泉さんは、そういう経歴をお持ちで。

古谷　ええ。ラゴンを演じた頃はもう、50歳を過ぎていたんじゃないかな。泉さんがいてくれたおかげで、第4話の現場は楽しい雰囲気でしたね。泉さんね、旅役者でしたから、どうしても動きが少しオーバーになっちゃうんです。ついクセでミエを切っちゃう（笑）。

やく　長年、地方の芝居小屋で国定忠治などのコテコテの時代劇を演じていらっしゃったんでしょうね。

スーツアクター泉梅之助氏のラゴン。元旅役者らしく、そのミエの切り方はまさに千両役者！

古谷　そうです、そうです。そのクセのせいで、監督から撮影中「ラゴンにミエを切らせるな」ってダメ出しが入る（笑）。巨大化したラゴンは口から放射性物質を含んだ白色怪光線を放射するんですけど、そのときもやっぱり、ミエを切っちゃう。そこで、また監督から「ミエを切りながら光線を吐かんでもいい！」とダメ出しが入る（笑）。

やく　それをうかがってしまったら、次に泉ラゴンを観る際、おひねりを投げたくなってしまう（笑）。

古谷　それでも、泉さん、芝居の呼吸といいますか、ベテランですし、ラゴンのスーツの中に入っていても、間の取り方などは絶妙でしたし、さすがだな、と思いました。

★全39話中、最も火薬を使った命がけの戦い
やく　ではそろそろ、第6位の発表を。
佐々木　第6位は……。
やく　ザンボラーとの焰《ほのお》の決戦です。
佐々木　その戦いをプレイバック！

不滅の10大決戦　第6位
灼熱怪獣　**ザンボラー**　身長／40m・体重／2万t
【バトル・プレイバック】
　科特隊&防衛軍の激しい攻撃をものともせず、戦車を焼き尽くすザンボラー。変身した
ウルトラマンが山の斜面に立ち、登ってくるザンボラーに対し、強烈無比な左足でのキッ

ク一閃。ザンボラー、たまらず横回転しながら斜面を転げ落ちる。てめえ、やりやがったな、といわんばかりにザンボラーが背中からの高熱波攻撃を仕掛けると、うわっとウルトラマンが叫ぶ間もなく命中。これはマズいと思ったのか、ウルトラマン、斜面を前方回転で転げ逃げる。高熱波は食らわないぞ、という強い決意のもと、低い体勢のまま突進、滑り込むようにザンボラーの腹に潜り込んだウルトラマンは勢いよく相撲技の〝居反り〟を見せ、後方に投げ飛ばす。

それでもめげないザンボラーは素早く体勢を整えると、四足怪獣の専売特許の技、後ろを向いての尻尾叩き攻撃をウルトラマンの足元目がけて繰り出し、モロに食らったウルトラマンは転倒。勝機と見たか、ザンボラーは全体重をウルトラマンに浴びせようとするが、左足のキックをブチ込まれて不発。今度は逆にウルトラマンがザンボラーに飛びかかるものの、あえなくスカされ、無防備に倒れるという隙を見せてしまう。そこを逃さずザンボラーがボディプレスを狙うも、これまたスカされ不成功。この時点で両者ともに、相手の攻撃をまともに食らわず。次第に持久戦の様相を呈してくる。

しかし、その空気感を一変させたのが、ザンボラーの尻尾叩き攻撃。気合いとともに放つと、これが見事にウルトラマンの顔面にヒット。意識が遠のくウルトラマン目がけ突進するザンボラー。その突進を低姿勢でガシッと受け止めたウルトラマンは左にひねり、ついにザンボラーを仰向けにする大チャンス到来。足をバタつかせるザンボラーの顔をつかみ、顔面尻尾叩きのお返しとばかりに二、三度地面に叩きつける。今度こそ、決定的なダメージを、と決意のウルトラマン。下腹部にまたしても潜り込み、えいやっと両手でザンボラーを持ち上げる強引な力技を披露。そのまま半回転し、NWA世界王者時代のハーリー・レイスをトップロープから投げ落とす、往年のジャイアント馬場を彷彿《ほうふつ》とさせるデッドリードライブで豪快に投げつける。

この一撃で完全にグロッキー状態となるザンボラー。四足に力が入らないところに、ウルトラマン、一歩スウェイバックしてからの必殺スペシウム光線。ツノ部分にモロに命中、全身が白い煙で覆われるザンボラー。そして、ついに火花をまき散らしつつ大爆発！

古谷　改めて見直してみても、凄いよねえ、火の迫力が。

やく　実は第6位にはもともとゲスラをランクインさせていたんですよ。

古谷　ほうほう、ゲスラを。

やく　はい、そのゲスラ戦で水中決戦の怖さや撮影時のご苦労などを縷々《るる》うかがおうと思っていたのですが、図らずも7位のギャンゴ戦で、そのあたりは明らかになりましたし、それならばと、水の次は火の怖さ、辛さ、厄介さ、当時の撮影所における火の取り扱いの苦労話をお訊《たず》ねしたくなりまして、急遽《きゅうきょ》ザンボラーが第6位にランクインとなりました。

古谷　そうでしたか、わかりました。

佐々木　それと、やくさん。技的にも、このザンボラー戦でウルトラマンが相撲の居反りを見せているんですよね。

やく　そうなんですよ。この居反りという技、本場所でもめったに決まらない大技なんです。わかりやすく説明すると、相手力士の懐に潜り込み、そのまま後方に投げ飛ばす技で、豪快なぶん、非常に決まりづらい。相手の全体重を負うことになりますし、投げられまいと踏ん張ったりするため、決める前に潰されてしまったり。

古谷　僕も大相撲中継で観たことはありませんねえ。

やく　だと思います。なにせ幕内に限っていえば、平成期には見られず、十両でも202

0年の11月場所で宇良《うら》が旭秀鵬《きょくしゅうほう》に決めたのが約27年ぶりという珍しい大技です。もっとも宇良のは、正しくは「伝え反り」という、居反りと似た別の技でしたけれど。ただ、居反りについていえば、幕下以下では聡《さと》ノ富士《ふじ》という小兵力士が16回（2020年9月場所現在）決めていますが。

佐々木　アマレスにも居反りに近い技があって、ダブルリストアームサルトというのですけど、技の形態はやくさんが説明したのとほぼ一緒。アマレス出身の長州力が若手時代に得意にしていたムーヴです。長州はゴングが鳴り、対戦相手とリング中央でロックアップ（組み合い）後、スルリと相手の懐に潜り込み、自ら体勢を低くして後方に投げ飛ばす。動きが止まった相手の足を素早くからめとり、サソリ固めに移行するのが常勝パターンのひとつでした。

やく　その居反りを別に意識してザンボラー相手に繰り出してはいないですよね。

古谷　ええ、意識もなにも、今、初めて居反りの詳しい話を聞いたところですから（笑）。まあ、意識というより、戦う本能に素直に体が反応し、従っただけだと思うんですよ。

佐々木　本能？

古谷　そうです、本能ですね。まずウルトラマンがザンボラーと対峙する。このとき、瞬間的になにを思うか。

やく　戦いづらい？

古谷　そのとおり。8位のケロニア戦でも語りましたが、人型はいいんですよ、戦いやすい。相手をつかみやすいし、結果、投げやすい。でも、四足の怪獣は重いというイメージが先行します。重い＝投げづらいと判断し、じゃあパンチやキックを放とうかと思っても、ザンボラーは見てのとおり、表面はゴツゴツしているし、背中の尖《とが》った巨大なひれは高熱波を放射する。うかつに打撃を叩き込めないし、ましてや、またがってパンチを繰り出すのも、なかなか難しい。

　となると、本能的に四足動物はお腹が弱点だと察知する。動物の弱点は怪獣の弱点にも繋がるだろうという判断のもと、素早くザンボラーの下に潜り込み、勝機を見出《みいだ》そうとする。そのうち、押し潰されまいとザンボラーの体をはねのける。それが結果的には居反りになった――ということだと思うんですね。

やく・佐々木　なるほどねえ。

古谷　相手は四足なんでね、下に潜り込むといっても、本当に低いタックルを仕掛けなきゃいけなかったので、けっこう大変でした。

やく　そんな話をうかがったあとに、大変申し訳ないのですが。

古谷　ん？

やく　このザンボラー戦は実は〝凡戦〟だと思うんです（キッパリ）。

佐々木　第6位に選んでおいて！

やく（無視して）ウルトラマンも居反りは繰り出していますけど、他に特筆すべき技を出していませんし、躍動感ある動きを見せているかといえば、どちらかというと戸惑い？手探りの印象がある。それに苦戦していないんですよ、ウルトラマン。最後もプロレス技のデッドリードライブ一発でザンボラーは、完全にグロッキー状態になり、すかさずスペシウム光線を決めている。つまり、ウルトラマンは勝負を急いでいた……。

これは私見になりますけど、凡戦になった最大の理由は炎だったのではないでしょうか。炎の勢いが凄《すさ》まじくて、技を仕掛ける云々よりも、大事故にならないような配慮が古谷さんにも、ザンボラーのスーツアクターだった鈴木邦夫さんにもあったのではないかと。

全39話中、最も火薬とガソリンの量が多かったザンボラー戦。燃え盛る炎の先に特撮番組の黎明期を支えたスタッフの反骨精神が垣間見える

古谷　はい、火の勢いがありすぎて、戦うどころの騒ぎじゃなかった、というのが正直なところです（笑）。

やく　ウルトラマンやザンボラーの「皮膚」は耐火性に問題ありそうですもんね。

古谷　ザンボラー戦では、いやもう、とんでもない量の火薬を使用していましたからね。ガソリンも使っていましたし。

佐々木　ガソリンも！

やく　火中戦といえば、湾岸の石油コンビナートの大炎上シーンが印象的な対ペスター戦を思い起こしますが、火薬量もそのときを上回っていた？

古谷　はい。ペスター戦は計算された上での火の使用といいますか、爆発でも暴発ではなく、ちゃんときれいに燃え上がっているんですね。ですが、ザンボラー戦は繰り返しになりますけど、そこらへんはむちゃくちゃでした（笑）。全39話中、最も火薬とガソリンを使ったのが、このザンボラー戦なんですよ。

やく　あれだけの凄まじい爆発シーンですから、スタジオの外に消防車を待機させたりなど、それなりの消火の準備はしていたのですか。

古谷　いいえ。水の入ったバケツがいくつか用意されていたくらいじゃなかったかなあ。

やく　たったそれだけ？　時代劇の水桶みたいに!?

佐々木　特撮、いやテレビの番組制作の黎明期ならではのエピソードですよね。今では絶対にコンプライアンス的にも許されませんもん。その前に消防法で撮影許可が下りない。

古谷　でしょうね。

佐々木　そもそも、なぜに火薬が盛大にドッカンドッカンと暴発したのですか。

古谷　たぶん、火薬の特機（特撮における特殊機材）のオペレーターが、勢いに任せてバンバン爆発のスイッチを入れてしまったからでしょう。

佐々木　わちゃちゃちゃ。

古谷　撮影後、スタジオの東京美術センターの偉い人たちから怒られたという話は聞きました（笑）。

佐々木　わちゃちゃちゃ。

古谷　でもね、オペレーターの連中も使命感にかられての結果だったと思うんです。当時はまだ、映画のほうが格が上といいますか、どうしても「どうせテレビだろ」とか「テレビの子供番組じゃないか」といった、少し蔑む風潮があったことは確かなんですよ。だけど、現場の人間たちは毎回、凄い作品を作ろうと必死だったんです。画的にも決して映画には負けない迫力のものを作り上げたい……そんな裏方のみんなの想いが一気に炸裂《さくれつ》したんじゃないですか。

やく　ま、今となっては冷静に解釈なさいますが、そんな火焔地獄に放り込まれた恰好《かっこう》の古谷さんと鈴木さんにしてみれば、たまったものではない。

古谷　まさに火焔地獄でした。ギャンゴ戦で火より水が怖いと言いましたが、火も十分に怖かった（笑）。あれだけの火薬が爆発すると、一瞬、火が竜巻のように襲ってくるんです。海外の巨大な山火事のニュース映像を観ると、炎が竜巻のようになって空に吸い込まれるシーンを目にすることがありますけども、僕が体験したのは、そのスモール版でしたよね。火と熱風がビュンと竜巻のようになってマスクの目の視界を確保する小さな穴に飛び込んでくる。

佐々木　わちゃちゃ。

古谷　それでも僕は顔を背けながら逃げればよかったのでマシでしたが、大変だったのは鈴木さんです。

やく　四足ですから、顔の位置がモロに爆発の影響を受けてしまう。

古谷　同時に熱風も。あのとき、鈴木さんはスーツの中で酸欠状態だったのではないですかね。撮影中、あまりの熱さにザンボラーが我慢できず、思わず立ち上がっちゃったくらいですし。

佐々木　四足怪獣なのに、二足歩行のように立ち上がった？

やく　設定的にも台本にも、ザンボラーが立ち上がるというのは？

古谷　なかったです。立ち上がってはいけないんです、ザンボラーは。なのに、何度か立ち上がってしまったのは四足での顔の位置が熱くて限界を超えていたのだと思います。

凄絶な炎と熱風がザンボラーのスーツアクターだった鈴木邦夫氏を襲う。あまりの苦しさに立ち上がってしまう四足怪獣のザンボラー

佐々木　いくら特撮の黎明期の話だといっても、凄まじい話だ……。

古谷　こうなると、戦うどころの話じゃなくなります。序盤戦に僕が山の中腹でザンボラーを蹴り上げ、叩き落とすのも、火の威力から鈴木さんを助ける意味もあったんです。

やく　その話をお聞きして腑に落ちました。ビートルの攻撃がなぜザンボラー戦に限ってやけに長かったのか。他の回と比べても、ビートルの活躍の時間がこれでもかというくらい長かったんです、ほとんど効いていないにもかかわらず。それはきっと、本来のウルトラマンとザンボラーの戦いを長引かすことができなかったため、編集でそうせざるをえなかったからなんでしょうね。

古谷　そうでしょう。

やく　となると、このザンボラー戦は、〝必然の凡戦〟とも言えます。必然の凡戦だからこそ、私たちは特撮を超えた、限界ギリギリのリアルな一戦を目撃することができた。全39戦の中でも、異質な戦いであり、その点から考えても、ザンボラー戦の6位は必然だと思います。

第5位
ジラース

黒澤時代劇を受け継ぎ、ブルース・リーにも影響を与えた一戦

エリ巻恐竜　ジラース
身長／45m
体重／2万t

佐々木　今回は早速、第5位を。
やく　ではまいります。
佐々木　ドロロロロロロ～（くちドラム）ジャガジャン！
やく　第5位はジラース戦!!　そろそろランクインする頃でしょ。
古谷　なるほど、そうきましたか。
やく　やっぱり外せません、対ジラース戦は。まずゴジラのスーツアクターとしてあまりにも有名な中島春雄さんとのぶつかり合い。
古谷　大先輩ですからねえ。
佐々木　あのですね、古谷さん。
古谷　はい？
佐々木　40年以上前から、どうしてもお訊ねしたいことがあって。
古谷　どうぞどうぞ、なんでも。

佐々木　初めてジラースと対峙した瞬間、〝コイツ、ゴジラじゃね？〟と思いませんでしたか。

古谷　思いました（笑）。

やく　演じているのも、中島さんだし。

佐々木　ボクら当時の子供たちは、うわっ、ついにウルトラマン対ゴジラが実現しちゃったよ、と大騒ぎだったんですよね。

古谷　そういう見方もあるだろうな、と思っていました。とくに後半戦は。

やく　エリ巻きを剝ぎ取ってから？

古谷　ええ。僕が強く感じていましたからね、エリ巻きを剝ぎ取ったときに、あ、ゴジラだって（笑）。

佐々木　そのジラース＝見た目ゴジラを含めまして、とにかくお聞きしたいこと、確認したいことがてんこ盛りですが、その前にウルトラマンとジラースの死闘を振り返ってみましょう。

不滅の10大決戦　第5位

エリ巻恐竜　**ジラース**　身長／45m・体重／2万t

【バトル・プレイバック】

それまでの戦いとは違い、ジラースを相手に数々のボディアクションで茶の間を釘付《くぎづ》けにするウルトラマン。しょっぱなから家を破壊しようとジラースが振り上げた右手をつかみ阻止したウルトラマンは、手を横に振って大阪芸人のように〝ちゃいまんがな〟的なポーズをし、続けて〝来い、来い〟と挑発。その後、互いに間合いを探りながら、対峙する両者。

張り詰める緊迫感を破ったのはジラース。岩を拾い空に投げつけ、口から白熱光線を放射して破壊。その威力をウルトラマンに見せつけ威嚇する。対するウルトラマンも負けじと岩を放り投げ、スペシウム光線で木《こ》っ端《ぱ》微塵《みじん》に。お主、なかなかやるな、といった雰囲気を漂わせたジラースは、相撲の仕切りを見せたかと思うと勢いよく突進するが、ウルトラマン、ここは冷静に頭をつかんで押し返す。この相撲部屋の朝稽古のような攻防が続き、ついにジラースの頭を押さえてからの後方投げ飛ばし後に、勝ち誇ったように笑う。

頭に血が上ったジラースは白熱光線を乱射。しかし、軽やかなフットワークを披露するウルトラマンには当たらず。そのまま一気に間合いを詰めたウルトラマンはジラースのエリ巻きをムンズとつかみ、ベリッと引きはがす。その剝ぎ取ったエリ巻きをムレータ（闘牛士が牛を挑発する赤い布）のようにヒラヒラさせ、突進してくるジラースの猛攻をかわしてみせる。そして、またも互いに間合いを探る両者。その緊張感に耐えられなくなったか、どちらからともなく相手に飛び込むようにして、くんずほぐれつの肉弾戦の攻防を展開。一瞬の静寂後、意を決して襲いかかるジラースとの距離を冷静に見計らいながら走り込むウルトラマン。その瞬間、すれ違いざまに手刀を打ち込む必殺の「ウルトラかすみ斬り」が炸裂！　ジラースの口から鮮血がしたたり落ち、前のめりに倒れ込む。ウルトラマンは敬意を払うように、剝ぎ取ったエリ巻きをそっとジラースの首にかけたのだった。

★ジラース戦は黒澤時代劇作品へのオマージュ

佐々木　やくさん、改めてジラース戦を5位に選んだ理由を教えてください。

やく　簡潔に言えば〝間合い〟になります。この緊張感漂う間合いの凄みに魅入られてしまったわけです。
古谷　なるほど、間合いですか。
やく　ええ。ウルトラマンとジラース、宇宙人と怪獣の戦いなのに、映画や舞台で繰り広げられてきた往年の決闘の名場面的要素がたっぷりと仕込まれている。ここまで魅惑のエッセンスをちりばめられてしまったら、第5位に選ばざるをえません。
古谷　このジラースが登場する第10話「謎の恐竜基地」の監督は満田稔《みつたかずほ》さんでしてね。
やく　初監督作品が『ウルトラQ』の第21話「宇宙指令M774」。
古谷　さすがお詳しい（笑）。その満田さんは根っからの映画人ですから、ご自分の敬愛する黒澤時代劇作品へのオマージュとして演出を作り込んだと思うんですよ。それに特殊技術監督の高野宏一さんも、時代劇が大好きでしたし。
やく　まさに丸ごと『用心棒』の世界ですものね。
古谷　そうです。画の雰囲気に『用心棒』的な質感があります。
佐々木　そのニュアンスはわかります。対峙するシーンでウルトラマンがスペシウム光線の威力をジラースに見せつけるところなんかはモロに時代劇ですし。凄腕の浪人同士が河原で対決するときに、どちらか一方が小枝を空に投げつけ、スパッと斬り、自分の腕前を見せつけるような。

古谷　そうそう。

やく　でも、ただでさえ3分間という決められた時間の中で、見せびらかすように必殺のスペシウム光線を放つのは、いくらウルトラマンといえど、いかがなものか——とは思いましたけど（笑）。そんな余裕を見せている場合か、ウルトラマン！

古谷　ハッハハハ。

佐々木　ボクたちの会話も、このままいくとどんどんマニアックになっていくような気が……。

やく　いや、マニアックであることが重要なわけで。さきほど古谷さんがおっしゃった満田監督と高野さんの黒澤時代劇作品へのオマージュという言葉。だいたいマニアックでなければ、よりよいオマージュを作れないわけで。

佐々木　確かに。

やく　このジラース戦はマニアックを基本に見事なオマージュ作品として高く評価してもよろしいんじゃないでしょうか。

古谷　だと思います。

やく　なによりマニアックな満田&高野ペアが楽しんで戦いを、画を作り込んでいるのがよくわかるし、それだから時代劇を見慣れていた子供たちも楽しめた。

古谷　僕もやっぱり意識していましたよね、黒澤時代劇作品を。撮影現場で、監督は黒澤時代劇をやりたいのだなと感じていましたから。ああ、そうだ、実はもうひとりいたんですよ、撮影現場にマニアックな人が。

やく　え、どなた？

古谷　中島春雄さん（笑）。

やく　忘れてました（笑）。

古谷　東宝の時代劇作品にも数多く出演された先輩ですから。侍役や浪人役もすべて経験済み。時代劇のなんたるかを熟知した人でしたし。今でも思い出すのが、撮影に入る前に満田監督と中島さんがゴニョゴニョと話し込んでいて。たぶん、時代劇的な演技プランのあれこれを細かく詰めていたんでしょう。これぞマニア同士の話し合いといいますか。

やく　どの監督も古谷さんには大雑把な指示しか出さなかったのに（笑）。

古谷　そうそう（笑）。それで中島さんが「古谷、行くぞ。まずはこうやるからな」って指導してくれて。「俺はこう動く。お前はこうやって動け。大丈夫、心配するな、そんなに力まなくても、俺が投げ飛ばされたように飛ぶ」とまで言ってくれたんです。

やく　こんなエピソードがうかがいたかった！　もはや私の脳内ではウルトラマンもジラースも髷《まげ》を結って袴《はかま》姿《すがた》と化している。

古谷　対ジラース戦のテーマが、さきほどやくさんもおっしゃっていたように〝映画や舞台で繰り広げられてきた往年の決闘の名場面的要素がたっぷりと仕込まれている〟ことだと理解できていたので、気持ちは込めやすかったですね。僕も中島さんも、お互いにウルトラマンとジラースなんですけど、やくさんがおっしゃったように、その目に映っていたのは刀を構えた侍同士、素浪人同士だったと思います。

佐々木　こうやって話をうかがっていると、当然のようにも思えますが、最後の決め技「ウルトラかすみ斬り」も完全に時代劇を反映させていますね。

互いに相手の間合いを警戒するウルトラマンとジラース。いかに自分の間合いで戦うことができるか。この戦いにおける最大のポイントだった

やく　時代劇における達人同士の決め手は、あんな感じで一瞬にして決着がつきますから。

古谷　いやあ、これはあとになって思ったのですが、その「ウルトラかすみ斬り」。ウルトラマンが急所を突き、ジラースは口から血を流して絶命する程度でよかったですよ、本当に。

佐々木　というのは？

古谷　ほら、たまに時代劇であるじゃないですか、お互いに走り込んでの斬り合いのときに、相手の首まで斬り落としてしまうシーンが。

やく　ウルトラマンではそれはＮＧですね、

子供たちに見せられない。

古谷　そのとおり。

佐々木　エリ巻きを剝ぎ取るシーンもヘタしたら御大チェックを受けていたかもしれない。

古谷　もし、ウルトラマンがジラースの首を斬り落としていたら、間違いなく御大は「謎の恐竜基地」をお蔵入りさせていたはず。

やく　撮影時、御大はどこに？

古谷　東宝で映画製作中だったと思います。ですから、仕上がったフィルムをチェックしていたと思うんですが、忙しいこともあってエリ巻きを剝ぎ取るくらいはギリギリセーフにしたのだと思います。でも、首までとなると完全NGを出していたでしょうね。いや、エリ巻きを剝ぎ取ったシーンも、必要以上に血が噴き出していたら、お蔵入りか、撮り直しを命じていたかもしれない。子供には血を見せるな、悲惨な表現を見せてはいけないと常々、口にしていた人でしたからね。

★ジラース戦の最後がブルース・リーのあの名作に！

佐々木　そのジラースのエリ巻きなんですけども。

古谷　ええ。

佐々木　最後の最後、絶命したジラースにウルトラマンが敬意を払うようにエリ巻きをかけてあげるじゃないですか。

古谷　ああ、はいはい。

佐々木　そのシーンについて、大変興味深い記述を発見したんです。

古谷・やく　ん？

佐々木　ボクはですね、ちょっと病的なまでのブルース・リーのファンでして。各作品はすべて映画館で50回以上は観ているという……。

古谷　それは凄いですねえ。

佐々木　当時はまだ、ビデオなどが普及していない時代で、彼の勇姿を拝むには映画館に足を運ばなければいけなかったという……。

監督の満田䅘氏は「ゴジラの状態で東宝に返却する条件だったため、劇中で意図的に元に戻した」とエリ巻きを剝ぎ取った演出について、こう語っている。そんな大人の事情を知らない、気にしない子供たちはやっぱり、突然のゴジラ出現に大喜び

古谷　それでも映画館で50回以上も観ていて飽きませんか（笑）。

佐々木　例えば『燃えよドラゴン』（1973年製作・同年日本公開）が封切られると、1日に4回は上映されるので、その4回分を同じ席で鑑賞します。まずは小学校を休み、1週間続けて4回鑑賞行為を続けます。途中、すでにストーリーが頭の中に入っていますから、格闘シーンが始まるまでは寝ています。それで格闘が始まると、なぜか自然にムクッと起き出し、スクリーンを見つめるんです。そこで彼が繰り出す技のバリエーションなどをひとつひとつチェックしたり……。

やく　なんとまあ、マニアックな。

佐々木　昭和歌謡、大相撲、昆虫などなど、ご自分が好きなジャンルに関しては〝マニアック・キング〟なお人に言われたかあないですっ！

やく　私ももちろん観ましたよ『燃えよドラゴン』。新宿のロードショー館で１回こっきりだけど。組織のボスの額《ひたい》の左右が今でいう剃り込みみたいに大きく切れ込んでいて、当時の幕内力士北瀬海《きたせうみ》（最高位関脇、九重部屋）みたいだと感じた記憶が。あと、ブルース・リーが仇役に対し「（部屋から）出ていけ」と告げるシーンで「Ｏ～ＵＴ　Ｓ～ＩＤＥ」と低い声で。やはり私もマニアックだった（笑）。

佐々木　話が少し横道にそれますけども、その「Ｏ～ＵＴ　Ｓ～ＩＤＥ」とブルース・リーに言われた仇役は、ロバート・ボブ・ウォールという役者さんで、デビュー作は『ドラゴンへの道』（１９７２年製作・１９７５年日本公開）。この作品でリーの宿敵を演じたチャック・ノリスに誘われて出演したそうです。ちなみにリーの死後、完成された『死亡遊戯』にも出演。ブルース・リーの作品にはなくてはならないバイプレイヤーでした。

古谷　ああ、はいはい、欠かせない人でしたね。

佐々木　それで話を戻しますが、『燃えよドラゴン』でのロバート・ボブ・ウォールは、宿敵ハンの用心棒、オハラを演じています。このオハラとリー（ブルース・リーの『燃えよドラゴン』での役名）には深い因縁があるんです。ストーリーではオハラがリーの妹をイタズラしようと追い詰め、逃げられないと覚悟した妹は自害する。その事実を知ったリーは「試合にはこちらの道着で参加するように」と伝えにきたオハラに、燃え盛る怒りを抑えるように「O～UT S～IDE」と静かに言うわけです。そして、試合でオハラとリーが戦うことに。その場面で、オハラがさきほど話題にした凄腕の浪人同士の威圧合戦といいましょうか、斬り合う前に小枝を投げ、スパッと斬るような感じで、リーの目の前で木の板を叩き割るデモンストレーションを行なうんです。この場面がさっきの時代劇に関する語り合いと妙にシンクロして面白いですよね。

やく　そのデモンストレーションに対し、リーはどんな反応をしたんだっけ？

佐々木　一言「木は打ち返さない」と。

やく　なるほど（笑）。

佐々木　ええっと、そんなボクですから、ヒマさえあれば、今でもちょくちょくブルース・リー関連のサイトなどを覗いていて。それである香港《ホンコン》のサイトに彼の1971年頃の活動記録が掲載されているのを発見したんです。

　1971年というと、彼が何度目かの失意のどん底を味わっていた時期なんですよ。というのも、自分が出演するために作り上げた連続ドラマの脚本『燃えよ！カンフー』がようやくアメリカのABCテレビに認められ放送されることになったのですが、クランクイン寸前に局の上層部の判断で、主演を彼ではなくデヴィッド・キャラダインというアメリカの俳優に勝手に変更しちゃったんですね。カンフードラマなのに、主人公がアメリカ人のほうが視聴者にわかりやすいとの理由だけで。だから『燃えよ！カンフー』のクレジットには「原案／ブルース・リー」と記されているんです。

やく　そりゃひどい。

佐々木　その変更にショックを受けた彼は、今でいうひきこもり状態になり、毎日家で世界中のいろんな映像作品を取り寄せ観ていたようなんです。そんな状況のある日、彼はあるひとつの作品に感銘を受け、こんな言葉を残しているんですよね。

――日本の子供向け特撮番組なのだが、最後のシーンに武士道が描かれていて衝撃を受けた。敗者にも敬意を捧《ささ》げる。日本では子供の頃から映像でこんな胸に迫るシーンを観ているのだから、礼儀正しくなるのもうなずける。強き者同士が戦い、どちらかが負けても、勝ったほうがリスペクトを持ち続けていれば、その戦いはいつまでも光りを放つ。

古谷　ブルース・リーらしいですね。

佐々木　本題はここからで、彼が当時、自宅で観たのは「謎の恐竜基地」の回だったのではないかと推測されるんです。

映画関係者、専門家、また実際に攻防を繰り広げたチャック・ノリスの証言を集約すると、この『ドラゴンへの道』でのブルース・リーが肉体的にも精神的にもベストな状態だったらしい。その後、徐々に病魔が彼を蝕んでいったのである
Distributing / Photofest / ユニフォトプレス

やく　なぜに？

佐々木　名作『ドラゴンへの道』のクライマックス・シーン。ローマのコロッセオで強敵チャック・ノリスとの決闘の果てに勝利を収めたブルース・リーは、ノリスの道着をそっと顔にかけるんですね。それはウルトラマンが剝ぎ取ったエリ巻きをジラースにかけてあげるシーンとまったく同じなんですよ。カメラアングルまで一緒。彼は『ドラゴンへの道』でウルトラマンにオマージュを捧げたんだと思います。

古谷　そうであれば、うれしいですね。

佐々木　実は1997年にブルース・リーの3作品『ドラゴン危機一発』（1971年製作・1974年日本公開）、『ドラゴン怒りの鉄拳』（1972年製作・1974年日本公開）、『ドラゴンへの道』がビデオ化されることになりまして。

古谷　ほうほう。

佐々木　当時、「週刊プレイボーイ」のライターだったボクは発売を記念して、シアトルの彼の自宅でリンダ夫人にインタビューするチャンスを与えられましてね。

やく　マニアックであり続けると、たまに奇跡を呼び寄せます（笑）。

佐々木　そうなんですよ。そのときに、リンダ夫人がありがたいことに彼の書斎を見せてくれたんです。その書斎の本棚の隅にあったんです、ウルトラマンのソフビ人形がっ！　あのときはどうして彼の本棚にウルトラマンのソフビがちょこんと置かれていたのか謎でしたけど、１本の線に繋がりました。

古谷　凄い話ですね、それは。

佐々木　どうですか、古谷さん。天下のブルース・リーの創作活動にウルトラマンが多大なる影響を与えていたんですよ。

古谷　なにかこう、胸が熱くなりますよね。『ウルトラマン』という作品がブルース・リーの作品になにかしらのパワーを与えていたのであれば、とても光栄ですし、素晴らしいことだと思います。

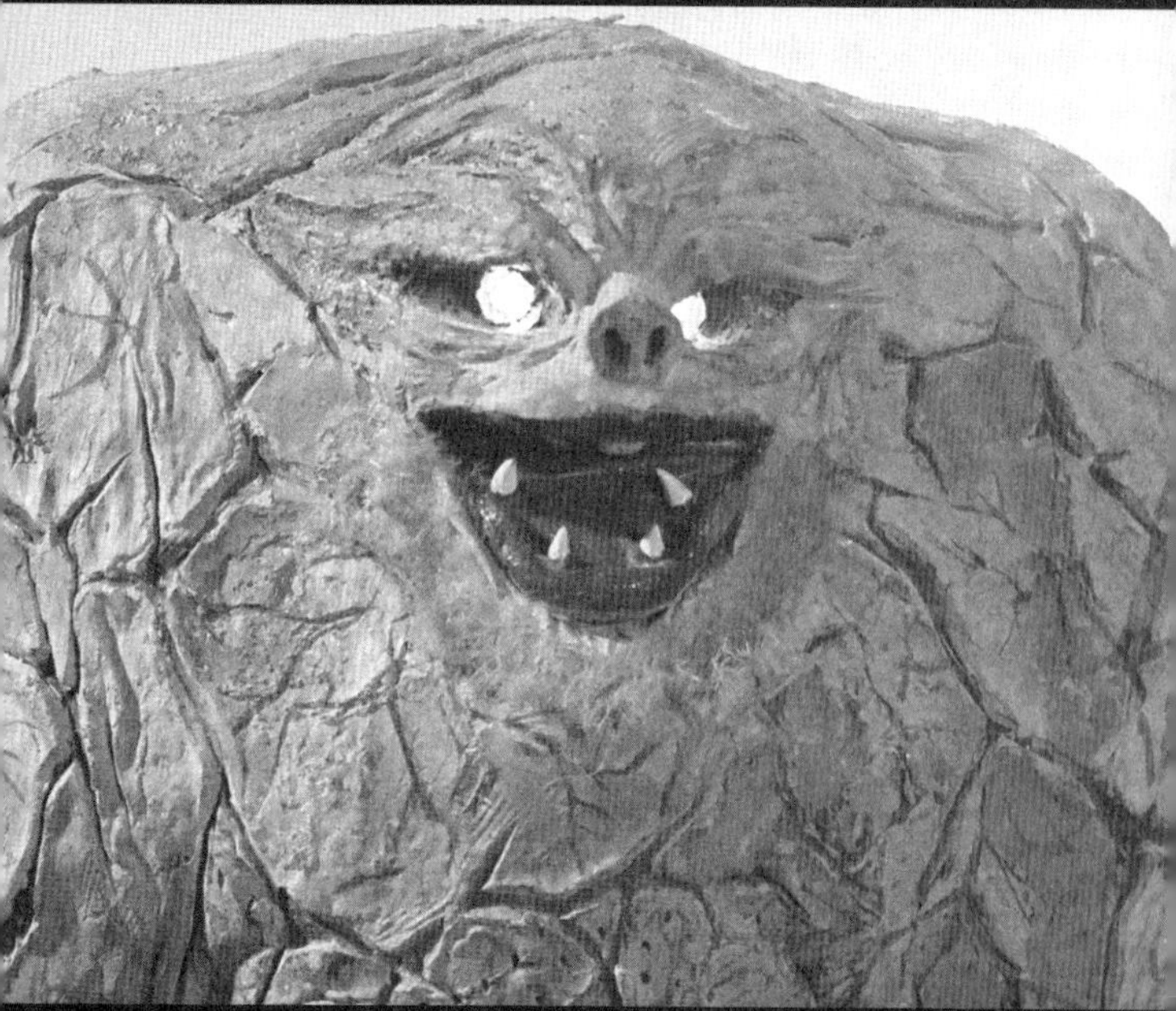

第4位
ジャミラ

全39話中、ウルトラマンが
唯一脇役となった名作

棲星怪獣　ジャミラ
身長／50m
体重／1万t

佐々木　先日、昔の仲間と飲む機会がありまして。
やく　コロナ禍なのに。
佐々木　です。いや、ちゃんと感染防止対策に注意を払った店で飲んだわけなのですけど、そこで隣のテーブルで飲んでいた50代を中心としたサラリーマングループが映画『シン・ウルトラマン』（企画・脚本／庵野秀明　監督／樋口真嗣　主演／斎藤工　公開調整中）を話題にしておりまして。
やく　カラータイマーがない、成田亨さんが目指した本来の姿をデザインコンセプトにしたウルトラマン？
佐々木　です、です。彼らの話によれば、そのシン・ウルトラマンの立像がお披露目されたとかで。
古谷　ああ、はいはい。
佐々木　場所は円谷御大の生まれ故郷、福島県の須賀川《すかがわ》にオープンした、須賀川特撮アーカイブセンター。近々、足を運んでみようかな、と思っているのですけども。なんかもう、この「不滅の10大決戦」がスタートしてから、やたらと〝ウルトラマン〟という言葉の響きや活字に敏感になっちゃって。

古谷　わかります（笑）。

佐々木　ともあれ、ウルトラマンの周辺が賑《にぎ》やかに、華やかになることは喜ばしいことでございまして。では早速、栄光の第4位の発表を。

やく　第4位は……。

佐々木　ドロロロロ〜（くちドラム）ジャガジャン！

やく　ジャミラ！　やはりランクインしました。逆に、トップ3入りしないの？と思われたかもしれない。

古谷　今でも僕たちの胸に残る一戦ですよね。

佐々木　さきほどのサラリーマングループも、酔っ払うにつれ、ジャミラについて熱く激しく語っていました。語り継がれるというのは、こういうことなのかと思いましたね。

やく　ジャミラとの一戦は実は映像では2分3秒しかないんです。初放送から50年以上も

ジャミラが国際平和会議の会場を襲ったとき、世界各国の旗がはためく中で「ちなみにギリシャの国旗が上下逆さまなんですよね」とやく氏は〝マニアック・キング〟的な指摘をした

経っているのに、いまだにそうやって熱く語れるのは、その2分3秒がいかに強烈に刷り込まれているかを物語っている。

佐々木　訊くのもヤボですけど、4位に選んだ理由は？

やく　強烈に刷り込まれた部分に関してはのちほど語るとして、まずはやっぱり、ジャミラのスーツアクターだった荒垣輝雄さんの演技力。この「故郷は地球」でのジャミラ、主演男優賞ものの演技を見せています。そういう意味では全39話中、唯一、ウルトラマンが助演に回った戦いとも言えるんですね。その稀有《けう》な点を再認識するべく4位に選出いたしました。

佐々木　それでは、伝説のジャミラとの一戦を振り返りましょう。

不滅の10大決戦　第4位

棲星怪獣　**ジャミラ**　　身長／50m・体重／1万t

【バトル・プレイバック】

飛行中に地上のジャミラを確認したウルトラマン、万国旗のポール損壊を阻止しようと果敢にショルダータックル。その勢いで吹っ飛ぶジャミラ。すかさず立ち上がったところへ、ウルトラマンが少し腰の引けたフライングボディアタックを仕掛ける。しかし、その躊躇《ちゅうちょ》がジャミラに見透かされ、ウルトラマンの大技はヒットせず。逆に転倒したウルトラマンに覆い被《かぶ》さったジャミラは、マウントポジションから首へのチョーク攻撃。その怒濤の攻撃に耐え、体勢を入れ替えたウルトラマンだったが、ジャミラの下からの圧力に屈し、吹き飛ばされ転がされてしまう。そこで戦いは仕切り直しの様相を見せ、くんずほぐれつの状態に。

膠着《こうちゃく》した攻防を嫌ったジャミラはウルトラマンに向かい、走り込みながらのタックルを食らわそうとする。だが、ウルトラマンは〝居反り〟で投げ返し、見事にジャミラをビルにブチ当てることに成功。ここがチャンスと見たかウルトラマン、ジャミラの背中に飛びつき、後方からバーン・ガニアばりのスリーパー・ホールドを仕掛けるも、そもそも首がないのでうまく決まらず。またしても、くんずほぐれつの戦闘状態に。

ここでウルトラマン、科特隊が放水攻撃でジャミラを弱体化させたのを思い出し、念力を利用しての〝ウルトラ水流〟を発射。猛烈な水を浴び、もがき苦しむジャミラ。それでも〝ウルトラ水流〟の勢いを止めないウルトラマン。咆哮《ほうこう》をあげながら、うつ伏せに倒れ込み、のたうち回るジャミラ。最後は星条旗をつかもうと手を伸ばすも届かず、ついに力尽きてしまう（ジャミラの鳴き声、咆哮は赤ちゃんの泣き声の遅回し）。

★全39話の中で、最も辛かった戦い

やく　ジャミラの断末魔の叫び声も含め、子供心にもえらいものを見せられてしまった、という2分間でした。実際に現場で戦った古谷さん、いや、ウルトラマンの胸中にはなに

ジャミラめがけてウルトラ水流を放つウルトラマン。果たして、この攻撃は正しかったのだろうか

がよぎったのですか。

古谷　全39話中、ジャミラとの戦いが一番辛かったですね。ウルトラマンを超え、古谷敏というひとりの人間としても辛かったです。

やく　ウルトラマンのその想いは、全チビッ子が今も共有しています。

古谷　台本をいただき、読み込んだ時点で、これはちょっと辛すぎる――と思いました。この「故郷は地球」の全編に貫かれているテーマだと思うのですが、科学の発展のためには多少の犠牲はしょうがないんだといった考え方……正論がすべて善かといえば、そうではないとの想いが拭い去れなかったです。

佐々木　はい。

古谷　僕ね、台本を読んだとき、すぐに「南極越冬隊」のタロとジロを思い出したんですよ。幸運にもタロとジロは生き残りましたけど、他の犬は死んでしまった。あのとき、越冬隊員は犬が死んでも仕方ないと判断し、日本に帰国した。もちろん、彼らにも言い分はあったと思います。彼らなりの正義もあれば、状況的に置き去りにするしかなかったみたいな言い訳も。だけど、現実は置き去りにしたわけですから。その現実とジャミラが被さってきましたよね。科学の進歩という大義のためにジャミラは犠牲者となり、結局は殺されてしまう不条理が辛かった。

やく　それが人類の〝正論〟ですし。

古谷　そうです。でも、それで本当にいいのかと50年以上の時を経ても、いまだに「故郷は地球」は問い続けていると思います。

やく　問い続け、いまだに私たちは答えを探し出せていない。

佐々木　沖縄の米軍基地問題もそう。日本の平和安定のためには、沖縄の方々に犠牲を強いても仕方ないという風潮がある。じゃあ、どうすればよいのか。日本の平和維持と沖縄の苦しみを解消するよりよい方法や解決策を戦後70年以上経った今も見つけることができていない。

やく　私が第6位に選出したザンボラーも、同じような問題提起を含んでいたと思います。そもそもザンボラーは宅地開発など自然を壊してばかりの人類に激怒し、地上に現れ破壊活動を行なった。地球規模で考えれば人類とザンボラー、どっちが本当に悪いのかとなる。自分たちが快適な生活を送りたいがために、共存を考えず、必要以上に自然を壊した結果、平和に暮らしていた動物や鳥や昆虫の生きる場所を次から次に奪っていった。人間が快適に暮らす。それは人類からすれば当たり前のこと？　正義ですけども、それが本当の正義なのかと問われると、やはり疑問が生まれてしまう。『ウルトラマン』という〝寓話《ぐうわ》〟が、その後顕在化してくる種々の社会問題をことごとく看破しているんですよね。

古谷　実は、ソコなんですよ。僕がもうひとつ「故郷は地球」で言いたかったのは。この作品で当時の御大を筆頭にスタッフ、『ウルトラマン』に関わったすべての人たちが大きな志、使命感を胸に秘めていたことがわかるんですよね。

佐々木　つまり……。

★子供番組だからこそ、あえてジャミラ戦は悲痛な戦いにした

古谷　『ウルトラマン』を単なる子供番組、いえ、あの頃はもっとひどい言い方をされていましたよ、ジャリ番組とかね。そのジャリ番組を視聴率のためだけに作っていたならば、もっと派手に簡単にジャミラ戦を演出しているはずです。

佐々木　ええ、はい。

古谷　ジャミラが人類に復讐《ふくしゅう》するために国際平和会議の会場を襲った。人々が逃げ惑う炎を吐いた。彼らの窮地を救うべく、ハヤタ隊員がウルトラマンに変身。ジャミラに派手に攻撃を仕掛けた。

やく　相撲の大技、居反りとか。

佐々木　ジャミラには首がないのにスリーパー・ホールドとか。

やく　そうそう。それでテレビを観ている子供たちは大喜び。別に念力を利用しての〝ウルトラ水流〟を使わず、最後も華やかに必殺のスペシウム光線を放てばいい。そして、

悠々といつものように大空に飛んでいけばいい。

佐々木　ですね。

古谷　でも、そうしなかった。科特隊の攻撃で、すでにジャミラが水に弱いことを知っていたウルトラマンは〝ウルトラ水流〟を使う。これは正論なんです。攻撃的には正しいことなんです。だって、繰り返しになりますけど、ジャミラが水に弱いことを知っているんですから。戦う者として、相手の弱点を的確に突く。それはまさしく王道であり、常套《じょうとう》手段でもあり、正しいことなんです。

しかし、結果はジャミラがもがき苦しみながら死ぬことになった。スペシウム光線を放てば苦しませずに倒せたものを〝ウルトラ水流〟で断末魔の叫びをあげさせることが正しかったのかどうか。そんな問いも含めた戦いをなぜ、ウルトラマンとジャミラの一戦で表現したのか。そこには勧善懲悪ではくくれない、人間の業だとか、さきほども言いましたように、科学の進歩のためには多少の犠牲は仕方ないんだといった正論が、すべて正しいのかという制作側の声なき声が反映されていると思うんですね。

そんな想いが熱き魂となって、観ている子供たちの胸に突き刺さり、何十年経っても、いまだに「本当にあれでよかったのだろうか……」という自分自身への問いかけに繋がっているのではないでしょうか。自分への問いかけとは、考える第一歩目の作業ですからね。思考を停止させない重要性というんですかね。

やく　確かに。いつものようにスペシウム光線でボカン！では、後々語り継がれることもなかったかもしれない。あの絶命のさせ方の余韻——断末魔の咆哮や泥のビチャビチャという不快な音、あのとき画面を構成していた要素のひとつひとつが、強烈な衝撃として観る者を圧したんですもんね。

古谷　僕たちはジャリ番組だと蔑まれようと、大いなる志と使命感をもって、子供たちの心に、考える大切さを訴えていたんです。第6位のザンボラー戦でしたか、スタッフの「ジャリ番組でも、これぐらいのことはできるんだ！」といった気構えが大掛かりな爆発シーンを生み出したと言いましたけど、当時はそういうね、作り手側の矜持《きょうじ》を大事にしていましたよね。

佐々木　当時の制作スタッフの熱き魂は、すべての世代にきちんと伝わっていると思います。なにせ、冒頭でも言いましたように、今でも50代を中心としたサラリーマングループ

正論がすべて正しいわけじゃないと訴える古谷氏。次回以降のベスト３の発表で〝人間・古谷敏〞の内面が明らかになっていく

のおっちゃんたちはマスク越しに、激しくジャミラ戦について語り合っていましたし。

古谷　ありがたいことです。

やく　そうやって語り継がれ、今も議論が繰り返されているのは、当時の制作者のみなさんの矜持はもちろんですけど、第４位に選出した理由のひとつ、ジャミラのスーツアクターだった荒垣さんの熱演の影響力もあるのでしょうね。

古谷　おっしゃるとおり。凄かった。鬼気迫るというのはこのことか、と思うほど、気迫の演技でした。

やく　当然、リハはナシ？

古谷　はい、ぶっつけ本番。

やく　荒垣さんは1回こっきりの泥まみれのもだえ、断末魔の苦しみを表現されていたんですね。

古谷　尊敬の言葉しか見つからない演技でした。とくに最後の最後、力尽きる寸前に星条旗に手を伸ばすシーン。愛した祖国に裏切られ、その哀《かな》しみをぶつけたくても、国旗さえ握りつぶせない悔しさ、辛さ……。僕は今でも、このシーンを観ると涙が出てきてしまう。そこまで人の心を揺さぶる荒垣さんの演技、うん、素晴らしかった。

それこそジャミラの星条旗に伸ばした指先の震え、その震えは万の言葉を宿していたと思います。僕は、いや、ウルトラマンは「故郷は地球」に限っていえば、傍観者でしかなかった。そういう意味でも、やくさんがおっしゃったウルトラマンは脇役でジャミラが主演男優賞との指摘は間違っていないんです。

やく　思うに、ジャミラの存在、そして、末路——。これはもしかすると、戦後の子供らが初めて見た〝悲劇〟だったのかもしれません。

古谷　そうか、なるほど。初めて間近で、その目で体験した〝悲劇〟だったのでしょうね。

やく　それより前の世代の子供たちだと、実際に戦争を体験していますよね。リアルな

映像に映り込んだ墓碑銘によればジャミラの生没年は1960－1993年となっている。この墓碑銘に対するイデ隊員の言葉が実に印象的で作り手のメッセージ性が感じられる……が、ウルトラマンの設定年代は1993年ということ??

〝悲劇〟をイヤってほど間近で見ているし、自ら体験もしている。ですが、私たち昭和30年代半ば生まれの子供たちは身近な〝悲劇〟を見ていないんですよ。

佐々木　それは昭和30年代半ば以降生まれの子供たちだってそうですよ。例えば、おじいちゃんが亡くなっても、それほど深くは悲しみを嚙みしめていない。同居していなければ尚更《なおさら》です。両親が騒いでいるけども、どうしたのかな？と理解できていなかったりする。要はピンときていない。感受性の強い子供はそれなりに悲しみに耽るでしょうが、多くの子供はおじいちゃんの死を、ひとつの出来事としか感じ取れない。
やく　しかも、私たちの子供時代はイケイケでしたしね、高度成長期の。そんな勢いのある世の中で暮らしているときに、いきなりテレビの中でジャミラのもがき苦しむ姿、心の底をエグられるような咆哮を耳にしてしまったわけです。そのインパクトたるや、とんでもない衝撃だったですし、自分が生まれて初めて接した、体験した〝悲劇〟だったからこそ、強烈に〝ウルトラマン対ジャミラの2分3秒の戦い〟が深く広く刷り込まれたんだと思います。

第3位
シーボーズ

ウルトラマンの心情と父性があふれ出る
優しい一戦

亡霊怪獣　シーボーズ
身長／40m
体重／3万t

佐々木　では、いよいよベスト3の発表！

やく　第3位は……シーボーズ！　変則回ではあるものの、印象深い対戦でした。

古谷　うん、うん。

佐々木　それではシーボーズとの戦いを振り返ってみましょう……と進行する前に、ひとつだけズレてもよかですか？

やく　はい、どうぞ。

佐々木　シーボーズが登場する「怪獣墓場」で、戦闘のシーン以外に印象深かったのは、なんといってもフジ・アキコ隊員の喪服姿。

やく　冒頭の法要シーンね。

佐々木　子供の頃に観たときは、なんとも思わなかったのですが……。

やく　中年を過ぎると（笑）。

佐々木　フジ隊員を演じられた桜井浩子さんの喪服姿にグッときちゃって。

ウルトラマンとともに地球の平和を守ってきた科学特捜隊（パリに本部が置かれた国際科学警察機構の日本支部）のメンバー。左からムラマツキャップ／小林昭二、イデ隊員／二瓶正也、フジ・アキコ隊員／桜井浩子、アラシ隊員／石井伊吉（現・毒蝮三太夫）、ハヤタ隊員／黒部進

古谷　ハッハハハ。

やく　まあ、女優さんは喪服が似合う、キレイに見える云々というのは昔から言われていますけどね。第10位のゼットンの回で観る年代によってウルトラマンの感じ方が変わるといったことを語り合いましたが、そのひとつの象徴がフジ隊員でしょう。子供の頃に観たフジ隊員は元気のよいお姉さんだったのに、20代、30代、40代と自分が歳を重ねるにつれ、だんだんとね、しみじみ変わってきますよ、受け取る印象が（笑）。

佐々木　科特隊のフジ隊員はウルト

ラ警備隊の紅一点、アンヌ隊員ほど肉感的ではないのですが、歳を取ると、なんですか、ああいう細いスタイルの女性もまた、非常に魅惑的といいましょうか……えっと、すみません、えらい脱線しちゃいました。

古谷　ワッハハハ。

やく　そのフジ隊員の喪服姿なのですが、35話目にして早くも倒してきた怪獣たちを弔う展開は斬新といいますか、攻めた発想ですよね。その点に関しては、のちほど。

佐々木　わかりました。それではシーボーズとの一戦をプレイバック。

不滅の10大決戦　第3位

亡霊怪獣　**シーボーズ**　身長／40m・体重／3万t

【バトル・プレイバック】

土煙の中、颯爽《さっそう》と登場のウルトラマン。シーボーズとの間合いを詰め、天龍源一郎ばりの逆水平チョップを食らわす。間髪容《い》れず力道山ばりの袈裟斬りチョップを打ち込もうとしたが、シーボーズのショルダータックルで後方に吹っ飛ばされる。しかし、向かってくるシーボーズにウルトラマンは古賀稔彦《としひこ》ばりの一本背負いを見せる。その後、画面はウルトラマンのドロップキック、巴投げなど、シーボーズとの激しい攻防を静止画のフラッシュバックで演出。

ウルトラマンの怒濤の攻撃によりヘロヘロのシーボーズ。その間隙を突きシーボーズを頭上高く持ち上げたウルトラマンは、そのまま怪獣墓場に帰そうとして飛び立つが……途中で力尽き落下。ここで第1ラウンド終了。

運命の第2ラウンドはシーボーズをウルトラマン風にしたロケットにくくりつけ、怪獣墓場に帰す作戦。ウルトラマンがシーボーズをロケットに連れて行こうとするが、振りほどき逆方向へ歩き出す。そこでウルトラマンは背中を押すようになだめたり、投げ飛ばしたりして言うことを聞かせようとするが、効果ナシ。動物病院で予防注射を受けさせようとする飼い主に抵抗して逃げ惑う犬のようなやり取りが続く。「どうしたもんか……」とお手上げのウルトラマン。それでもチョップの構えなどで威嚇し、なんとかシーボーズをロケットにしがみつかせることに成功。発射直前にウルトラマンは飛び立ち、遅れてロケットも無事発射。すったもんだしながらも、両者は怪獣墓場へ――。

★怪獣を倒すためではない異色の戦い

佐々木　では、やくさん、シーボーズ戦を栄光の第3位に選んだ理由を教えてください。

やく　ストーリー的にも戦いにおいても、異色なんですよ、この35話目の「怪獣墓場」は。まず、攻防のシーンについてですが、観ればわかるとおりにフラッシュバックで構成されています。この演出は実に興味深いですし、面白い。もし、静止画を駆使せず、他の回と同様に戦いの流れを見せていたら、なにかこう……弱い者いじめのような印象が強く前面に出た作品になったと思うんですね。

古谷　ええ、攻防のシーンを静止画にしたのは大正解でした。だってシーボーズはなにも悪さをしていないんですから（笑）。不運にも怪獣墓場から地球に落ちてきただけですし。そもそもウルトラマンと戦う気もない。ただ宇宙に帰りたかっただけ。それなのにウルトラマンが激しくシーボーズを攻め続けたら、違和感しか残りません。その違和感を解消するために実相寺昭雄監督は静止画を取り入れたのでしょう。

ウルトラマンとシーボーズの一戦の大半は美しくも迫力ある25枚の静止画によって構成。実相寺昭雄監督の演出が光る

やく　次にストーリー展開。いわゆる想定外の構成です。普通は「怪獣墓場」のような回顧をテーマにした作品というのは、番組が1年以上続かないと制作しづらいものなのに、35話目で実現させていますす。この定石を踏まない攻めた発想の転換もシーボーズ戦を第3位に押し上げた要因のひとつになっています。つまり、怪獣を攻めて倒す――というスタンス、オーソドックスな流れを踏まずに、むしろ怪獣を安らかな場所に導く――といった発想の転換をウルトラマンに表現させている――この点が実に異色であり、「怪獣墓場」の世界観を際立たせていま

すね。怪獣との激しい攻防から離れ、怪獣の安寧を願う――その大きな振り幅に、ただただ脱帽します。

古谷　当時の脚本家、金城哲夫さんをはじめ、山田正弘さん、上原正三さん、佐々木守さん、他の作家のみなさんも才能あふれた書き手でしたよね。それぞれに自ら信じるウルトラマン像を秘めていて、毎回力いっぱい書き上げてくれましたよ。

佐々木　第5位のジラース戦で、あのブルース・リーが「戦った相手に敬意を払う子供番組が存在することに驚いた」というエピソードを紹介しましたけど、怪獣を弔う回が制作されたことも日本の特撮作品ならではと思います。

古谷　ああ、そうかもしれない。

佐々木　マーベル作品を筆頭に、いわゆるひとつのアメコミのヒーロー映画で敵を弔うような、それこそやくさんが指摘した、敵を安らかな場所に導くといった発想を題材にした作品は少ないですもんね。

やく　そういう意識がかの地には薄いのかもしれません。アメリカ人の魂ともいえる西部劇を観ていても、その発想を見つけづらいですし。

佐々木　例えば、一連の『バットマン』シリーズでは、敵を弔う前に自分を弔っちゃったりする。そういう意味でも、やくさん、やはり異色ですね、このシーボーズ戦って。

やく　だと思います。異色だからこそ、作品に深みが増していると言えますけども。それと、もうひとつ、シーボーズ戦を第3位に押し上げた重要なポイントがあります。

★俳優・古谷敏が意識したふたつのこと

佐々木　それは？

やく　ウルトラマンの表情。本来、表情がないウルトラマンなのに、喜怒哀楽がはっきりと感じ取れる。いや、そう見える。これは古谷さんの演技力がスーツを突き抜けた証拠ではないでしょうか。そこにも他の回以上に異色さを感じてしまうわけです。

古谷　ありがとう、うれしいですね。僕にとっても「怪獣墓場」は思い出深い作品なんです。というのも、この回でいみじくもやくさんがおっしゃったようにスーツを突き抜けた感覚をはっきりと実感できたからなんですよ。

やく　やっぱり、そうでしたか。

ウルトラマンの忠告に従わないシーボーズ。表情のないウルトラマンが「困ったヤツだ……」と言わんばかりに本当に困惑の表情を浮かべているように見えるのが凄い

古谷　ええ、突き抜けた——というより、なんだろうなあ……。

やく　もはやウルトラマンと古谷さんが同化したような？

古谷　そうです、その感覚に近い。

佐々木　金城哲夫さんが「チャックを閉めた瞬間、古谷敏はウルトラマンという宇宙人になる」という言葉を残していましたけど、さらにその先の境地といいますか、進化したような感覚？

古谷　ええ、「怪獣墓場」の撮影の頃は、すでにスーツのチャックを閉めたからウルトラマンという感覚ではなかったですよね。正直なところ、チャックとかは関係なかった……。気づくと僕はウルトラマンでした。

やく　名言ですね。

古谷　スーツはもはや僕の肌でしたし、この感覚が同化なのかもしれません。だから、シーボーズを前にした僕は、マスクも着けている感覚ではなかった。まんまの自分が手を焼かすシーボーズに怒ったり、茶目っ気のある仕草に思わず笑っていたり。もちろん、役者として計算した演技を表現していますけど、それをストレートに伝えることができているという実感、充実感はありました。

やく　本当に、笑っていますからね、あのときのウルトラマンは。

古谷　当時、僕と同期の女性も、やくさんと同じことを言ってくれていましたよ。

やく　表情が動かないマスクを着けているのに、ウルトラマンが笑った、と？

古谷　はい。シーボーズを相手に、一瞬、動かないマスクが和らぎ、笑ったように変化した、と言ってくれたんです。彼女は東宝芸能学校から一緒にがんばってきた人でね。僕の役者としての道のりを近くで見てくれていた人でしたから、余計にうれしかったですし、そう言ってもらえるのは役者冥利に尽きますよ。それまでは試行錯誤でしたから。

やく　アントラー戦でしたか、前例のないヒーローを演じるむずかしさがあった、とおっしゃっていましたよね。

古谷　はい。スーツの中に入り演じることの精神的、肉体的な苦しさもありましたしね。撮影がスタートして8本目くらいまではご飯がノドを通らなくて。食べても吐いちゃう日々が続いて。それでも自分なりに毎回撮影に臨むにあたって演技プランを構築し、取り組みました。

そんな日々を経て、ようやく「怪獣墓場」で、マスクやスーツが自分の顔や肌と同化することができ、自然体のままに演技プランを表現することができた。その手応えを抱くことができたんです。そういう意味でも「怪獣墓場」においてのシーボーズ戦は僕にとってエポックメイキングとなる戦いなんですよね。その攻防を第3位に選んでいただいて、ありがたいですよ。

やく　それほどに印象深い回でした。

佐々木　ちなみに、シーボーズ戦では表情豊かなウルトラマンとは別に、父性を感じさせられるのですけど、それは演技プランの中に入っていたのでありますか。

古谷　はい、父性を醸し出そうと意識していましたね。

佐々木　父親としての優しさみたいな？

古谷　そうです、少しでも子供たちにウルトラマンの優しさが伝われば成功かな、と考えていました。

やく　シーボーズに対し「お前もいつまでも甘えん坊じゃダメだぞ。逞《たくま》しく生きねば」みたいな。実際はすでに死んでしまってるんですが。

佐々木　どうですかね、やくさん、ウルトラマンに父性を見出したボクの視点は。

やく　いや、この瞬間までウルトラマンの父性について考えたことがなかったものですから。たぶん、自分には子供がおりませんのでね、ウルトラマンの父性に考えが及ばなかったのでしょう。想像がつかないといいますか。若い時分は自分に子供ができたら、絶対に面倒を見切れないし、第一、親がこんなじゃ子供が不憫《ふびん》だろうとか考えたことはありますけど（笑）。そうか、ウルトラマンの父性か……。

佐々木　そんなしみじみしないでくださいよ。

やく　いや、急に自分の父親のことを思い出してしまいまして。私は父親からすると、あまりいい息子、子供ではなかったろうという悔悟の念がありまして。
佐々木　どこがです?
やく　子供の頃は別にグレて親を泣かすようなことはなかったし、大人になってからもしばらくは同居していた。それなりにコミュニケーションが取れていた親子だったとは思うんですが。でも、一緒に酒を酌み交わしたこともなかったし。後年、両親を旅行に連れて行って、なんとかまあ、親孝行らしきことはできたものの、さあこれから、もっと父親と密接に関わろうという時期に逝かれてしまったので。
古谷　悔いがある?
やく　ありますね。だからなのか、ウルトラマンの父性を指摘されると、なにかこう、反省の念ばかりが……。
古谷　そんなことないですって(笑)。
やく　真面目な話、自分にはウルトラマンのような父性があるのか疑問なんです。駄々っ子のあやし方も知らないし、私がウルトラマンだったら、あんなふうにシーボーズをなだめすかしてロケットまで誘導できないように思います。すぐに癇癪《かんしゃく》を起こしそうな気が

武骨な父親のようにシーボーズの少し前を飛行するウルトラマン。忘れられない名シーンのひとつ

する。尻のひとつも蹴飛ばしたり。

古谷・佐々木　ハッハハハ。

やく　あの最終場面。先にウルトラマンが空に飛び立ち、続いてシーボーズがしがみついたロケットが飛ぶ。並走して飛ぶのではなく、ましてや抱きかかえて飛ぶのではない。いいか、しばらくあとについてきなさいとでも言いたげに、少し先を飛行する。そして、ある程度のところまでは誘導して飛ぶけども、その先は自分で飛んでいきなさいというね、それこそが父親の愛情、父性のようなものだと言われると、そうか、そういうことなのかと、今にしてしみじみ胸に沁み渡り

ます。

佐々木　ボクはやくさんとは8年ぐらいの付き合いがありますけども、初めてですよ、子供について、ご自分の父親について語っている姿に触れたのは。ボクからすれば、父性について語るやくみつるは十分に〝異色〟でしたね。

やく　（笑）。

第2位

ゴモラ

「人間の身勝手さ」と「戦いのむなしさ」を感じさせた怪獣

古代怪獣　ゴモラ
身長／40m
体重／2万t

佐々木　さて、大詰めです。
やく　ここまでくると、大方予想はつくでしょうが――。
佐々木　待ちきれません、やくさん、栄光の第2位の発表を！
やく　わかりました。第2位は伝説の大阪城決戦、ゴモラとの一騎打ちでございます。
佐々木　パチパチパチ。それにしても、古谷さん。
古谷　はい。
佐々木　改めて見直してみても、ゴモラってカッケー怪獣ですよね。怪獣らしい怪獣とでもいいますか。
古谷　ですね。僕もそう思います。なにせ宅地開発の空き地で初めてゴモラと対峙したとき〝カッコいい怪獣だな、これぞ怪獣って感じだぞ〟とマスクの下で呟《つぶや》いた記憶が残っていますよ。
佐々木　こんな強そうな怪獣に勝てるのかな、と思ったりとかは？

古谷　思いましたねえ（笑）。いや、最終回じゃないですから、最後は勝つはずなんですが、そこまでどうやってもっていけばいいのか、つまり、どのように攻撃を構築していけば、見るからに強そうなゴモラを弱らすことができるのか、けっこう悩みましたよね。

やく　怪獣らしい圧力がズバ抜けていましたからね、ゴモラは。

古谷　そうなんですよ。それと、実際に戦ってみてイヤだったのはゴモラの爪。本当に硬くて鋭く非常に危険だった。肩をつかまれた瞬間〝うわっ、痛いっ〟と叫びましたから。

やく　爪が痛いという話は、実にリアルです。てっきり尻尾の威力を指摘なさるのかと。

古谷　あまりの痛さに撮影後、デザインを手掛けた成田亨さんに「痛すぎますよ、ゴモラの爪」って文句を言ったほどです（笑）。

やく　ウルトラマンとて痛覚はあります！（笑）

古谷　触るだけで痛かったですよ。

佐々木　それではゴモラの圧力がハンパなかった戦いを振り返ってみましょう。

不滅の10大決戦　第2位

古代怪獣　**ゴモラ**　身長／40m・体重／2万t

【バトル・プレイバック】

★運命の宅地開発ラウンド

　怪獣好きの少年、怪獣殿下が木の棒を掲げ「ウルトラマ～ン」と叫ぶ。すると本当にウルトラマンが飛来し、ゴモラに体当たり。両者倒れ込みつつも、先手を取ったのはウルトラマン。素早くマウントポジションを取るが、下から蹴りをぶち込むゴモラ。きれいに後転しながら立ち上がったウルトラマンは、迫ってくるゴモラを背負い投げ。己の突進力を利用されての豪快な投げ技を食らい、ゴモラは怒りの咆哮をあげる。

　その怒りを警戒しながら、低い姿勢での戦闘態勢で構えるウルトラマン。怒りのままに突進をかましてくるゴモラを一度は受け止めたウルトラマンだったが、結局は突進を止められず、高々と吹っ飛ばされる。倒れたウルトラマンにストンピング攻撃をかますゴモラ……だったが、ウルトラマンにうまく跳ねよけられ転倒。ここで戦略を変え、得意の尻

完全に力負けだった宅地開発ラウンド。ゴモラの圧力とエグい尻尾ブン回し攻撃に、さすがのウルトラマンも面食らったまま自分のペースで戦えなかった。最後もスペシウム光線を放っても勝てるかどうか……というような、らしからぬ躊躇が垣間見られた

尾ブン回し攻撃に移行。思いっきりゴモラの尻尾にブン殴られたウルトラマンは吹っ飛びながら悶絶。

その重量感あふれる尻尾ブン回し攻撃に想像以上のダメージを受け体力を奪われたが、なんとか気力を振り絞り、ゴモラとくんずほぐれつの攻防。その流れでゴモラのエルボー攻撃が見事にクリーンヒット。あまりの強烈な痛みで思わず前屈みになるウルトラマンにゴモラが右キック。そして、怒濤の尻尾ブン回し攻撃炸裂で、バシバシとウルトラマンをしばき倒す。その数11発。これには無敵のウルトラマンも完全にグロッキー状態に追

いつめられる。

それでも必死に立ち上がろうとするウルトラマンの背中を非情にも踏みつけ、「今日はこれぐらいにしといたろ」と吉本新喜劇の池乃《いけの》めだかの捨てゼリフを吐くようにしてゴモラは地中に。逃がさんぞと膝立ち状態でスペシウム光線を放とうとしたウルトラマンだったが、視界に残ったのはゴモラの尻尾。結果的には痛み分けのような一戦だったが、ゴモラの圧力に押し負けたぶん、ウルトラマンの敗北ともいえた。

★決着の大阪城ラウンド
宅地開発ラウンドと同様に飛来しながらゴモラにキックを放つウルトラマン。てめえ、また痛い目に遭わせたろか、と突進してくるゴモラに天龍源一郎ばりの逆水平チョップを繰り出すが、ブロックされてしまう。さらに向かってくるゴモラに対して首投げ。先制攻撃を許し、焦りが出てきたゴモラは、大阪城到着前に科特隊の攻撃によって尻尾が切断されているというのにブン回し攻撃を仕掛けようとする。当然、尻尾がないため、ただの腰振りダンスになってしまう。

切断されているのに気づかず、尻尾ブン回し攻撃を試みようとするゴモラ。放送当時は、このシーンが滑稽に思えたが、改めて見直してみると、ゴモラのウルトラマンに勝って生き延びようとする精一杯の姿勢に胸がジワッと熱くなる

そこにウルトラマンが尻尾の千切れたあたりを目がけてマラドーナばりの強烈なサッカーボールキック。そのまま前のめりに崩れ落ちるゴモラ。そして、またもくんずほぐれつの攻防へ。ゴモラの角をムンズとつかんで引き上げ顔面を4回地面に叩きつけるなどの荒っぽい攻撃が続く。

この大阪城ラウンドでのウルトラマンは前回の宅地開発ラウンドの反省を活かし、接近戦からゴモラの角をつかみ、そこを起点にしての柔道技、ボクシングの打撃攻撃を有効に使う。その一連の流れの中で、ついにウルトラマンの十八番、怪獣の突起物叩き折りの攻撃が始まる。ゴモラの頭を下に振り落とすのと同時に右ひざを突き立て、左角をボキッ。もだえ苦しむゴモラ。「今日はこれぐらいにしといたる」と、またしても池乃めだかのセリフを吐くようにして地中に逃げようとするゴモラだったが、尻尾の切断されたあたりをウルトラマンにつかまれ、そのまま室伏広治もビックリのハンマー投げ。

この投げ技は効いた。もはやボロボロ、ダウン寸前のゴモラの眉間目がけて必殺のスペシウム光線。ゴモラはよろめきながら立ち上がるも、最後は後ろにひっくり返るように倒れ、ウルトラマンの完全勝利となった。

★怪獣を倒さない話を作ってほしいと頼んだ

佐々木　改めて戦いを振り返ってみると、意外な感想を抱いてしまった自分がいます。

やく　意外とは？

佐々木　ゴモラ＝カッケー怪獣、圧力がハンパない怪獣……めっちゃ強い怪獣というイメージが強かったのですけども、大阪城ラウンドでウルトラマンの猛攻に対し、逃げようと

怪獣殿下の部屋には自分が描いた怪獣の絵が飾られていたが、小学生だったやく少年もビデオなどなかった時代だったため、必死にブラウン管の中で暴れる怪獣の造形を記憶し、何度も何度も画用紙に描き続けたという

しているんです。

やく　ああ、確かにそうでしたね。宅地開発ラウンドでは余力を残しながらウルトラマンの前からゴモラは姿を消した。そのおかげで後にも先にも一度きりの、前後篇2回構成になってしまうわけですね。すると放送上は1週間後、大阪城近くに現れたゴモラが第2ラウンドでは生きるために必死で逃げた。生物が生に執着して逃げる——言われてみれば至極当然の生物としての本能的行動を見せる。

佐々木　要するに、子供の頃に観たゴモラには、ソコが抜け落ちていることに気づいたんですよ。ゴモラの圧倒的強さばかりに憧れていましたけど、今観ると、やくさんが指摘していたように、こんなにも生に執着していたのかと驚いてしまいました。生きるために土を掘り返し、地中に逃げようとするゴモラの姿に憐《あわ》れささえ感じてしまったんです。

古谷　撮影中はね、それこそどうやって戦うか、演じればいいのか、頭の中がいっぱいなんですが、作品としてオンエアされたのを観ると、なにか……悪いことをした……ような気分になっちゃって。

佐々木　いやいや、古谷さんもウルトラマンも悪くないです。人間を守ろうとした結果なんですから。

古谷　いや、なんだろうなあ、『ウルトラマン』の撮影がスタートした当初はスーツに慣れず四苦八苦していましたし、この企画で何度か説明させていただきましたけど、ウルトラマンを演じることに対する悩みを引きずっていましたしね、結局は無我夢中だったわけです。

やく　ところがウルトラマンとしての役に慣れてこられると、格闘云々以上のことにも役者さんとして思考を巡らせるようになってこられるわけですね。

ゴモラと対峙した瞬間、「こんな強そうな怪獣、どうやって勝てばいいのだろう……」と思ったという古谷氏。ウルトラマンの中に入った男ならではの感想だ

古谷　ええ。ゴモラ戦の頃は、なんとかウルトラマンに適応できてきましたし、いわゆる無我夢中の時期から、いかに子供たちの心に残る、夢を与えるウルトラマンを演じるべきかを見つめられる段階に入っていたんです。そういう充実した逡巡の中で、ふと倒してきた怪獣に悪いことをしたな、と思うようにもなり、次第にむなしさも感じるようになったのは確かなんですよね。

佐々木　これもまた、意外です。変な言い回しになりますが、とどのつまり、ウルトラマンのお仕事って怪獣を倒すことじゃないですか。

古谷　そうです（笑）。

佐々木　なのになにがむなしかったのでありますか。

古谷　僕は子供の頃から虫が好きでしてね。振り返れば、そういう小さな命を大事にしていた少年だったんですよ。だから、学校で夏休みに昆虫採集の宿題が出されても、絶対にやらなかった。採集のために虫を殺す――そんな身勝手なことは辛くてできなかった。

やく　う〜む、虫採りがなによりの趣味だった私は、耳が痛い。

古谷　だって、生きている昆虫をわざわざ殺し、ご丁寧に針まで刺して飾っても、ちっとも面白くないでしょ？　昆虫は生きているからこそ、その生態が魅力的で輝いているのであって。例えば、チョウチョにしても、生きてヒラヒラと飛んでいる姿が美しいんですよ。そういった生き物を殺すのは、かわいそうで僕にはできなかったし、採集して飾っても美しくはないと思っていました。

やく　私、現在も日本昆虫協会の副会長を務めさせていただいているのですが、そこに対する抗弁は、この場ではおいておきます。

古谷　あ、そうでしたね（笑）。

やく　まさかゴモラの話から、古谷さんが昆虫好きの少年だったこと、ましてや生命観に

力の強そうな怪獣のツートップと呼ばれているゴモラとレッドキング。子供たちは密かに二大怪獣の激突を夢見ていた

まで行きつくとは思いませんでした。

古谷　最近ね、かみさんと唯一、モメてしまうのはゴキブリを逃がすか、逃がさないか。かみさんは躊躇せず、あっさり殺そうとするのだけど、僕はダメなんですよねえ。ゴキブリだろうとなんだろうと生きているんだから殺せない。そのせいで、いつも言い合い（笑）。でも、最近は僕にまかせるようになりましたよ。

やく　私、さすがにゴキブリだけは許せません。実は昆虫好きの間でも、ゴキブリだけは苦手という人も多くいます。勝手極まりない理屈ですが（笑）。

佐々木　考えてみれば、ゴモラも人間の身勝手で大阪まで連れてこられ、科特隊のミスで地上に落下、暴れ出したから攻撃するというのも不条理ですね、いや、ホントに。

古谷　でしょう？（笑）。ゴモラはジョンスン島で眠っていただけですし。

佐々木　そういえば、1997年に公開された映画『ロスト・ワールド／ジュラシック・パーク』を観るたびに、この「怪獣殿下」を思い出しちゃうんですよ。あの映画も金儲《かねもう》けのためにティラノサウルスをサンディエゴまで輸送するんですけど、結果的に逃走。ティラノサウルスがサンディエゴの街で大暴れというね。

やく　その原点はやっぱり、1933年に公開された映画『キング・コング』でしょう。キングコングもまた、人間の欲望のためにニューヨークまで運ばれて大暴れ。その映像の衝撃が円谷御大の心を激しく揺さぶり、日本の特撮は産声をあげたのですが、受け継ぐという意味では「怪獣殿下」も『ウルトラマン』の世界観を守りつつ、『キング・コング』の世界観を継承していると思いますね。

古谷　当時、このゴモラもそうですし、ランクインしているザンボラーやジャミラもそうですけど、人間の身勝手さのせいで暴れ回る怪獣を倒すのは忍びなかった。そういう気持ちが、さきほどの〝むなしい〟という言葉に繋がるのですけどね。

佐々木　第3位のシーボーズ戦で古谷さんはスーツと同化していた、と言っていましたよね。これはボクの勝手な推測になりますが、スーツと同化することによって、より人間・古谷敏の素の部分、心の内側にあるもの、それは信念かもしれませんけども、それらがスーツを通してストレートに出ちゃったように思うんです。

古谷　ああ、はい。

佐々木　昆虫も生きている。だから、絶対に殺したくないという想いを大切にして生きていた古谷少年の心情そのものが、ウルトラマンのスーツの中に滲んでる？　溶け込んじゃってていたと思いますね。普通はスーツを着込むと、中に入っている人間が誰かわからない、どんな人間なのか素性もわからない。

それが逆に古谷さんの場合、スーツと同化したことにより、等身大の古谷敏が滲み出るようになった。例えば、第20話「恐怖のルート87」でのヒドラ戦、戦うウルトラマンの背中には哀愁が漂っていました。なぜ、哀しそうな背中だったのか――それも今の話の流れの中で、なるほど、そういうことだったのか、と腑に落ちました。スーツアクターの演技

第20話「恐怖のルート87」でヒドラにスペシウム光線を放てなかったウルトラマン。古谷氏は、このように述懐している。「ヒドラをスペシウム光線で倒しても、なんの解決にもならない。その想い、苦しみ、ウルトラマンの心の揺れを僕はスペシウム光線のポーズに込めました。映像を観れば、ウルトラマンの左手の指先が震えているのが確認できます」

にも当然のこととして、アクターの演技を裏打ちする背景が生きているということなんですね。

古谷　そう言ってもらえると、ありがたいです。

やく　そこで、さらに思うに――。『ウルトラマン』は正義が悪を倒す、子供向けのヒーロー番組ではあるけれど、人間の身勝手さによって街を破壊する怪獣をやっつけるのは忍びないという気持ちは古谷さん以外にも、実は御大をはじめ、当時の円谷プロの方々、脚本家のみなさんが共有していた想いだったのではないでしょうか。

古谷　そうだと思います。

やく　第3位のシーボーズ戦。私は番組が1年も経過していないのに、早くも35話目にして怪獣に哀悼の意を表するストーリー展開は斬新で、定石を踏まない脚本の作り方、作り込みには脱帽しますと言いましたが、『ウルトラマン』に携わっていたすべての人たちが勧善懲悪を超えたところに存在する〝もうひとつの視線〟を大事にしていたんでしょうね。〝もうひとつの視線〟とは、古谷さんが番組制作の後半に抱いていた怪獣だけが悪いのか――という想いです。そういった感情が集結し、「怪獣墓場」が誕生したのかも。それだからこそ、あの「怪獣墓場」が初放送から50年以上経った今でも色褪せず、胸に響いてくるのだと思います。

古谷　正義のヒーローが、ただ怪獣を倒せばいい――それだけでは決して子供たちに勇気も夢も与えられません。そういった僕とスタッフたちとの〝想いの共有〟なのですがね。

やく　やはり、私たちが愛した『ウルトラマン』は、ゲーム感覚の怪獣倒しモノではなかった。

古谷　僕ね、金城哲夫さんにお願いしたんですよ。人間の身勝手さで暴れてしまった怪獣、人間や地球に危害を加えるつもりのない怪獣は倒さずに、元いた場所に帰してあげましょうよって。

やく　おふたりの対峙するシーンというのも、今にして思えば、ウルトラマン史に残る陰の名場面ですね。

古谷　そんな僕の願いを聞いてくれて作られたのがヒドラとウー。

佐々木　ボクがさっき言った第20話「恐怖のルート87」のヒドラと、やくさん指摘の第30話の「まぼろしの雪山」のウーですね。

古谷　ええ。金城さんとは他にも、いろんなエピソードがあるのですが、機会があればまた、じっくりと語ってみたいですよね。

やく　ウルトラマンと天国の金城さんとの疑似対談集のようなものができたら……佐々木さん、よい示唆をいただきました。

佐々木　ですね。では、次回はついに第1位の発表！　乞うご期待!!

第1位
ダダ

ウルトラマンの技が一番美しく キレッキレだった戦い

三面怪人　ダダ
身長／1.9～40m
体重／70kg～7000t

佐々木　ついに『ウルトラマン不滅の10大決戦』の第1位の発表でございます。
やく　ようやくここまで。
佐々木　では、やくさん、高らかに、ドロロロ〜（くちドラム）ジャガジャン！
やく　栄光の第1位は……まさかのダダ戦!!
古谷　ほう、ダダですか。
佐々木　……えっと……なんとも微妙な空気が周囲に漂っておりますけども、ええっと、本当にダダ？
やく　逆を張るのが私の常套手段（笑）。いや、わかっています。今まさに、この書籍を読んでくださっているほとんどの方が一斉に「なぜ、ダダ？」と訝《いぶか》しがっておられるのは。
佐々木　人気のバルタン星人との戦い、狂暴なレッドキングとの戦い、地球の存続を賭けた心理戦にまで発展したメフィラス星人との戦いを差し置いて、1位がダダ戦と発表されても、そこはやっぱり「？」マークが飛び交うのは仕方ないわけで。それでも……。

やく　（佐々木の発言を遮るようにして）しかも！

古谷　しかも？

やく　ダダは弱い。これはあくまでも私の勝手な解釈になりますが、ダダはウルトラ怪獣の中で一番弱い、最弱だと思います。

古谷　ワッハハハ、確かに、そうかもしれません。

やく　なにせダダは等身大スケールの際、人間であるムラマツ隊長のタックルで吹き飛ばされているんですよ。いくら相手が格闘術に長《た》け、鍛えているであろうムラマツ隊長だとしても、そんな弱々しい異星人、広大な宇宙の中でダダしかおりません。

古谷　ワッハハハハ。

佐々木　それでも栄光の第1位にダダ戦をランクインさせたエビデンスを教えていただければ。

やく　今は何事にもエビデンスが求められるご時世ですからね。それはウルトラマンとの戦いを振り返ってから――。

佐々木　了解しました。では、注目のダダ戦を――。

古谷　振り返る前に、ちょっといいですか。
佐々木　はいはい、どうぞ、どうぞ。
古谷　これまで語ってこなかったのですが……。
やく　ん？　語ってこなかった、それは非常に興味深い。最終第1位にして飛び出す秘話とは――。
古谷　ダダなんですがね、実はモデルがいたんです。
佐々木　えっ！
やく　やっぱり。あの特徴的な容貌、私もかねがねダダにはモデルがいるんだろうなと思っておりました。
古谷　ダダのマスクのモデル、『ウルトラマン』の美術総監督・成田亨さんのお弟子さんなんですよ。
やく　黒髪を真ん中から分けて垂らしている感じからすると、まさか女性の？
古谷　そうです。今もまだご健在で、ハワイに住んでいらっしゃいます。成田さんは彼女の髪型や口元をイメージしてダダのマスクを作り上げたんですよね。その方、とても魅力

ダダには女性のモデルがいた！　そんな感じはしていたが、まさか成田氏のお弟子さんだったとは

的ながんばり屋さんの女性でしてね。女性にはキツい仕事？　例えば重たい砂の塊をスタジオに運び込み、真面目にコツコツと怪獣が歩き回る山の斜面や川を作っていました。それこそ泥だらけになりながら。

やく　いい人そうじゃありませんか。

古谷　僕にもよくしてくれました。心根の優しい人でしたね。もしかしたら、なにかの拍子で付き合うことになっていたかもしれないなあ（笑）。

やく　今だったら確実に写真週刊誌の恰好のターゲット。「ウルトラマンのお相手はダダだった！」とか。

古谷　いやいや、淡い青春の思い出のひとつですよ（笑）。まあ、そういう意味でもダダには特別な思い入れがありまして。だから、やくさんが1位をダダ戦と発表したときは、違った意味でドキッとしました（笑）。

佐々木　なんという秘話！

古谷　いやいや、照れ臭いですし、さっ、ダダ戦を振り返りましょう。

不滅の10大決戦　第1位

三面怪人　**ダダ**　身長／1・9～40m・体重／70kg～7000t

【バトル・プレイバック】

邪魔なウルトラマンを倒せ、とダダ上司から指令を受けたダダ271号。研究所を飛び出し、巨大化。そのダダ目がけて飛行するウルトラマンに対し、ダダも迎え撃つため飛び上がり、両者探り合うような微妙な空中接触……後、ダダは飛行しながら消えた。ウルトラマンは着地して行方を探すが、神出鬼没のダダは背後に現れる。

これが噂のダダB。ウルトラマンの隙を狙い、背後から襲う。意外とダダBのファンが多く、フィギュア化希望の声も熱い

気配に気づいたウルトラマン、走り寄ってスライディングしながらの足払いで倒し、マウント攻撃を仕掛けるも、ダダも必死の抵抗でくんずほぐれつ。その乱闘状態の隙を突き、ウルトラマンが頭突き、そして左右のパンチの雨あられ。なにもできず、よろけながら逃げるようにして再び消えるダダ。直後、またしてもウルトラマンの背後に現れたのだが、驚くべきことに、この瞬間、ダダの顔が変わり、ダダAからダダBとなる。

ダダBはムンズとウルトラマンをフルネルソンに捕らえるが、ドラゴン・スープレックス……を放つ間もなく、右手をつかまれ見事な一本背負いを食らう。なにクソ、と気迫を見せて果敢にウルトラマンに立ち向かうダダBだったが、今度は合気道の要領で投げ飛ばされる。それにしても、ダダ、弱すぎ。対するウルトラマン、次に放ったのは華麗なフライング・ヘッドシザーズだ！　あの白覆面の魔王ザ・デストロイヤーが１９６０年代前半、ロサンゼルスマットで暴れ回っていた時代に頻繁に披露していた必殺の空中技である。

さらにウルトラマンは怒濤のラッシュ。チョップ、パンチの乱れ打ちから、ダダの右わき腹に肩を入れて持ち上げると、２回転して投げ捨てるという大技を繰り出した。ダメージが大きい、ダダ。弱すぎる、ダダ。こりゃあかん、とでもいうようにまたもや姿を消すが、ここで逃げ出せば上司に顔向けできないと思ったのか、なんとか勇気を振り絞り、懲りずにウルトラマンの前に。その顔は再びダダAに変化していた。だが、その変化が強烈な技や強さに繋がっているかといえばそうではなく、その変化した顔の眉間に、いきなりウルトラマンのスペシウム光線を食らい、無残にも顔面を黒コゲにされてしまった。そのまま反撃することもなく、またも姿を消す、ダダ。

消えたダダは再び研究所内に姿を現し、上司に「ウルトラマンは強い」と悲痛に報告。それでも上司は人間標本採集の指令を遂行せよといわんばかりに突き放す。本当なら、こ

ウルトラマンのスペシウム光線を眉間に受けるダダ。ここまでされても上司に歯向かえず自らの職務をまっとうしようとするダダの後ろ姿には、戦後の日本を支えてきたモーレツサラリーマンたちと同じような悲哀が滲んでいた

の時点で宇宙に逃げ出したかったであろうダダだったが、上司の命令に逆らわず、最後の最後まで己の仕事に忠実であろうとする。そう、ダダは人間を標本にするべく地球にやってきたのだ。その使命を果たすため、屋上に逃げたムラマツ隊長と研究所を訪ねてきた女性をミクロ化して標本にするため追いかける。

その気迫の現れ（？）か、隊長の前に立ちはだかったときの顔は3パターン目のダダCだ（でも、黄色の小さな目で一番怖くない）。しかし、ムラマツ隊長のタックルであっけなく倒される。

倒れながらも逃げる女性の足をつかむダダ。このときの顔は黒コゲのA。女性を助けようと隊長、ダダにキック！　するとAだった顔がBになり、ふたりを追いかけようと振り返ったときにはCになっていた。この早変わり、まさに三面怪人の面目躍如である。

その後、はしごで屋上に登りきろうとするふたりの頭上にAの顔でダダが立ちはだかる。そのダダの足を隊長が水平チョップで払い、ダダは屋上から転落。これでやっつけた……と思いきや、背後から再び銃を抱えて現れ、ふたりを屋上の端に追いつめ、足を踏み外したふたりは屋上から転落！　それをウルトラマンが発見し、間一髪のところでキャッチして救出に成功した。こうなると、逆に追いつめられる、ダダ。ウルトラマンにミクロ化器で応戦し、ウルトラマンが小さくなって屋上に現れると、逆にダダは巨大化し、空に飛び立ち逃走を図る。再度巨大化し、ダダを追いかけるウルトラマン。消えて逃げるダダに透視光線を両目から照射し、ダダの姿をキャッチすると、今度こそそのスペシウム光線を放ち、ダダは火花を散らして空中爆発したのだった。

★ウルトラマンは子供たちと一緒に戦っていた

やく　いかがですか？　戦いを振り返ってみて。

佐々木　ダダ……弱すぎます……。そうだ！　思い出した。数年前にパチンコで『CRぱちんこ　ウルトラマンタロウ　戦え!!ウルトラ6兄弟』の機種が出たんですね。大当たりして確変に入ると、いろんな怪獣や星人とタロウが戦うのですが、ダダが登場すると確実にタロウが勝ち、確変の大当たりが続く。つまり、パチンコ業界的にもダダは弱いってことが浸透していたという。

古谷・やく　(笑)。

やく　大事なことはですね。

佐々木　はい。

やく　ダダが弱いことにフォーカスすることよりも、まずはこの企画の原点はなんだったのかを改めて確認することだと思うんです。この企画の趣旨はなんでしたでしょう？

佐々木　簡潔に言えば、これまであまり解明されてこなかった、ウルトラマン対怪獣・異星人の戦いで繰り広げられた格闘のあれこれを、さまざまな角度から検証することです。

やく　そうですよね。それがたまたま深遠なテーマが内包されているジャミラ戦、シーボーズ戦、ゴモラ戦が続いてしまったため、本来語るべきテーマである格闘のあれやこれやに十分に触れることができなかった。だからこそ、ここでもう一度、いや、最後だからこそ、企画の原点に立ち返る必要があるのではないか――。

そうなると、このダダ戦はケロニア戦以上にウルトラマンの技のひとつひとつが非常に説得力を秘めており、しかも美しくもあり、なおかつ超キレッキレで冴えまくってもいる、と。以上により、ダダは弱かったけども、その格闘シーンを振り返ったときに、実は一番充実した戦いが繰り広げられているのではないか。実は弱いながらも『ウルトラマン』に登場した怪獣、怪人の中で最も長い時間、抵抗しているのはダダではないでしょうか。姿をくらましている時間も含めると約23分の本編のうち優に3分を超えて抵抗している！

――という点からも、私は栄光の1位にダダ戦を選出させていただいたわけでございます。

佐々木　パチパチパチパチ。とても深く納得できました。古谷さんはどうですか、納得されましたか？

古谷　ダダ戦の1位は予想していませんでしたが、はい、納得です。

佐々木　ケロニア戦以上の技の切れに関しては、どうですか。

古谷　体調もよかったんでしょうね。それと相手がザンボラーやシーボーズの鈴木（邦夫）さんだったのでね、動きやすかったのは間違いないです。

やく　古谷さんの体調もウルトラマンの戦いっぷりに反映されている。当然といえば当然なのかも。

佐々木　造形もケロニア以上に人型ですし。

古谷　そう、そこですね、大事なポイントは。マスク以外はまるっきりヒトですから（笑）。技もかけやすいし、ダダもウルトラマンの技を受けやすかったと思います。その相乗効果もあってシャープな技を次から次に繰り出せたんじゃないかな。

佐々木　なるほど。

古谷　確かケロニア戦でしたか、プロレスラーの……。

佐々木　〝超獣〟ブルーザー・ブロディですね。

古谷　そのブロディの理論といいますか、相手が受け身の天才だと自分の格闘能力が向上するといった話に発展しましたよね。

佐々木　はい。

ヘッドシザーズの体勢から、次の攻撃をどう仕掛けるかシミュレーション中のウルトラマン。戦い巧者になると、このような攻撃と攻撃の間に５手先まで相手の動きを読み、逃げ口を塞ぎ、完全勝利を呼び寄せる。やはり人型星人だと戦いやすいようだ

古谷　僕も相手が受け身の上手《うま》い扇幸二さん（ケロニアのスーツアクター）だったから、より以上の力を発揮できたと証言しましたけども、ダダ戦ではその先の境地……いや、なんだろうな……もうひとつの戦いの感触を得ることができたと思っているんです。

やく　もうひとつの感触とは？

古谷　やくさんにお墨付きをいただいたように、このダダ戦、うん、我ながらいい動きをしています。そこで思い出したのですが、ダダと戦っている最中、チーフカメラマンの声なき声援とでもいえばいいんですかね、それを感じたんです。

佐々木　声なき声援？

古谷　ええ。やくさんの言葉を借りれば、ウルトラマンの仕掛ける技の動きがキレッキレのため、たぶん自然とチーフカメラマンも気持ちが乗ってきたんでしょう。「よし、ウルトラマン、いい動きだ。凄いぞ、その技。パンチにも力が入っている。その動きひとつひとつ、絶対に俺は撮り漏らさないからな。すべてフレームの中に収めてやる。全国の子供たちに届けてやる」といった声なき声援が伝わってきたんですよ。

やく　胸が熱くなる話です。

古谷　その声なき声援はスタジオ中に広がっていき、監督はもちろんのこと、助監督、カメラスタッフ、美術スタッフ、タイムキーパー、そこに立ち会ったすべてのスタッフも同時に「いいぞ、ウルトラマン、がんばれ、ウ

弱すぎたダダではあったが、根強い人気があり、その後の『ウルトラマン』シリーズの作品にも数多く登場。またイベントやCMにまで引っ張りだこに

ルトラマン」と声なき声援を送ってくれているようにも感じてね。

そう感じた瞬間、体に力が漲《みなぎ》り、いつもより高くジャンプできたし、いつもより力のこもったパンチを放てたし、いつもよりも高くキックを蹴り上げることができた。結局、ブロディの理論は自分と相手との1対1で展開される技の広がりだったり、凄みだったりすると思うんです。その力の恩恵は自分にだけ向けられたもの。でも、僕がダダ戦で得たのはスタッフの声なき声援によって支えられ、自分がより高いレベルで動ける尊い領域だったんじゃないでしょうか。

佐々木　ええ。

古谷　そう考えたとき、ああ、ウルトラマンって僕ひとりの力で動いているのではない、戦っているわけじゃないんだなと思い知らされました。この気づきは今でも僕の宝物です。

やく　さらに言ってしまうと、スタジオのスタッフの熱き声なき声援の向こう側に、茶の間で観ている子供たちがいた――。往年のザ・ドリフターズのコントじゃないですが、「ウルトラマン！　後ろ、後ろっ!!」みたいな声を送っていたかも。ダダのヤツ、消えてはウルトラマンの後ろに出現してましたから。

古谷　そのとおりです。子供たちは必死にウルトラマンに声援を送り、一緒に戦ってくれたと思います。実際、子供たちの声なき声援もスーツを通して僕の心の中に伝わっていました。その声援ひとつひとつも、僕にとってはかけがえのない宝物でしたし、ウルトラマンを動かしていた大きな原動力だったと思います。

佐々木　子供たちもウルトラマンと一緒に戦っていた……だからでしょうね。

古谷　ん？

佐々木　こんな逸話が残っています。1967年4月9日午後7時20分過ぎ、そうです、ウルトラマンがゼットンに敗れ、ゾフィーから新たな命を授かり、M78星雲に帰るため、赤い球体が飛び立ったとき、科特隊のフジ隊員が「さようなら、ウルトラマン、さようなら」と叫んだ瞬間、日本中の家々の窓が一斉に開き、子供たちも夜空に向かって「さようなら」と叫び、手を振っていたという……。「ありがとう」と声なき声援を添えて——。これは当時の子供たちが本当に一緒に戦った感触がなければ、こんな現象にはなりませんもん。

古谷　もう……感謝しかないですね。

やく　そのとき一緒に戦っていた小学2年生の坊主が、今こうしてウルトラマン＝古谷敏さんと相まみえている――「さようなら」から50年後の夢みたいな「こんにちは」ではありましたけれども……。

佐々木　そろそろボクたちも再びの「さようなら」の時間が。

古谷　愉しい時間でした。僕的にも新しい発見がありましたし。

やく　また違った企画で、ぜひお会いしましょう。

古谷　ええ、また素敵な時間を、いつか、どこかで。

古谷敏（左）

1943年生まれ。1966年に『ウルトラQ』のケムール人に抜擢され、そのスタイルが評判を呼びウルトラマンのスーツアクターに。翌年、『ウルトラセブン』ではアマギ隊員を好演。『ウルトラマンになった男』（小学館）

やくみつる（最後列中央）

1959年生まれ。漫画家、好角家、珍品コレクター、その他肩書多数。『ウルトラQ』『ウルトラマン』に造詣が深く、今回もその豊富な知識量でさまざまなエピソードを披露。『雑学の威力』（小学館）他多数

佐々木徹

週刊誌等でプロレス、音楽などのライターとして活躍。格闘技、特撮ヒーローもの、アニメ、ブルース・リーなどに詳しい（写真は1970年代）。『週刊プレイボーイのプロレス』（辰巳出版）など

おわりに

もはや出尽くした感があるのは事実だ。

これまでに『ウルトラマン』に関する書籍、ムック本などは数多く出版されている。内容も日本特撮の父、円谷英二を中心に、当時の円谷プロダクションの制作秘話、各回の監督や脚本家を務めたクリエイターたちの回顧録、図鑑的に怪獣を解説したグラフ誌もあり、多種多様だ。

今回の『ウルトラマン不滅の10大決戦』に登場していただいた、ウルトラマンのスーツアクター、古谷敏氏も『ウルトラマンになった男』（小学館刊）を上梓《じょうし》。当時の撮影の裏話、苦労話などを書き留めている。

となると、『ウルトラマン』の世界観は関連の書籍などにより語り尽くされ、すべてが明らかになっている——と言えなくもない。

しかし、ふたつだけ見落とされていることがあるのだ。令和の世に残された、最後のピースと言ってもよい。

このふたつのピースを丁寧に拾い上げることができれば、昭和のテレビ史に、その名を刻み込んだ『ウルトラマン』のジグソーパズルが完成する。

では、なにが残された謎のピースなのか。

ひとつは、『ウルトラマン』は怪獣との戦いをメインにした空想特撮作品なのにもかかわらず、これまでアクション、格闘の部分にフォーカスし、解説を展開させている書籍がなかったこと。もちろんウルトラマンVS.怪獣の戦い模様を記したムック本などは存在する。だけれども、それらの記述のほとんどが戦いに至る過程と、繰り出された光線攻撃の種類などの説明にとどまっている。

やはり、それでは物足りない。もしかしたら〝怪獣ごっこ〟なる言葉が考察の邪魔をしているのかも。どうせウルトラマンと怪獣の戦い模様は、子供たちがマネをする〝ごっこ〟の範疇《はんちゅう》でしかないといった決めつけが考察の壁になっているように思う。結局、真面目に語ったり、考察したりすること自体が、少し気恥ずかしいと思われてきたのではないか。だから、戦いの図式に深く足を踏み込まない、踏み込めなかったのだろう。

でも、それは間違っている。全39話を観返してみると、実にウルトラマンと怪獣たちは味わい深い戦いを繰り広げていたりする。それこそ専門的にも語られるべき高度な技を披露しているのだ。さらに、なぜウルトラマンはあのとき、右のフック気味の重たいパンチを繰り出したのか、そのパンチを支えている古谷敏の格闘センスはどこから芽生えているのかなど、ひとつの技をフィーチャーするだけで、新しい物語がどんどん生み出されていくに違いない、と思っていた。

実際、この対談で戦いに関する新しい物語が次から次に生み出された。

例えば、第4位のジャミラ戦。このジャミラに関しては科学の進歩の犠牲になった哀しき怪獣というエピソードが深く記憶に残っている。ウルトラマン世代の大人たちがジャミラの名を耳にすると、決まってこのエピソードが思い出される。しかし、今回の対談ではウルトラマンの視線、スーツの中に入っていた古谷敏の視線から、ジャミラの哀しみが語り尽くされた。しかも、ウルトラマンの繰り出した攻撃が果たして正義だったのかまで言及されている。「怪獣を倒すこと＝100％正義」の図式に深く斬り込んだ古谷敏の視線は、これまでに出版された『ウルトラマン』の関連書籍には1行も記されていない。

第3位のシーボーズ戦もそうだ。今まで『ウルトラマン』の撮影秘話が明かされる場合、古谷敏の苦労話が前面に押し出されている。とにかくスーツの中は苦しかった、どのようにアクションを成立させればよいかわからなかった……。それは事実なのだが、この対談において古谷は初めてウルトラマンを演じることの意義とスーツが自分の肌になったという不思議な感覚を口にしている。そして、マスクさえも自分の皮膚となり、結果的に観る者を「ウルトラマンが笑った？」と錯覚させるほどの合体性を解説しているのだ。

このように、これまでの定説を覆すような発見をウルトラマンと怪獣の戦いを通して展開することができたのが『ウルトラマン不滅の10大決戦』だと思う。

そう、ふたつめのピースの正体とは、ガチガチの定説の横にたたずんでいる新説だ。

この新説を解き明かさない限り、『ウルトラマン』の物語は終わらない。

それはたぶん、ウルトラマンの戦いぶりを専門的に解説する『ウルトラマン不滅の10大決戦』を語り合っていく中で明らかになっていくだろうと予測していた。幸運にも、その読みは的中したのだ。

では、『ウルトラマン』に関する新説とはなにか。

いや、まずはガチガチの定説とはなんだったのか。

今まで古谷敏がウルトラマンのスーツアクターに抜擢《ばってき》された理由はスタイルのよさだったというのがガチガチの定説だった。前作の『ウルトラQ』でケムール人を演じた古谷敏のスタイルのよさに惚《ほ》れ込んだ、美術総監督・成田亨が「ウルトラマンは彼にしかできない」と主張し、周囲を説得した結果、古谷敏に白羽の矢が立った。

これがガチガチの定説だ。どの『ウルトラマン』関連書籍にも、そう書かれている。

そう書かれているのだから、事実なのだろう。

古谷本人でさえ「大部屋に古谷っていうヒョロッとしたヤツがいるから、そいつを呼んで来い、と円谷英二が言っていた」と証言しているくらいだ。

この定説は50年以上経った現在も揺るがない。

でも、本当にそうなのか。この定説に関して、以前からどこか違和感を抱いていた。普通に考えても、おかしなところがあるからだ。

ここで時代背景を考えてみる。当時、大衆の娯楽は完全に映画からテレビにシフトしつつあった。当然、円谷プロも理解していただろう。だからこそ、何度も企画を練り直し『ウルトラマン』を立ち上げた。テレビの世界で失敗は許されない。その大事な企画のメインのひとつ、見どころのひとつでもあるウルトラマンと怪獣の戦いに、スタイルだけがウルトラマンぽいからといって古谷敏が選ばれたりするものだろうか。

しかも、古谷は演技の下地はあっても、スーツに入ったこともなければ、アクションの経験もない。円谷プロは映画『ゴジラ』シリーズを通して、スーツアクターの重要性はわかっていたはず。ゴジラのスーツアクターとして有名な中島春雄の苦労も十分に知っていただろう。

だいたい『ウルトラマン』の制作は当時の状況を詳しく記した書籍を読めばわかるように、かなり待ったなしだった。制作スケジュールが厳しく、毎回綱渡りで制作された。失敗は絶対に許されない。なるべくミスなく進行したい。それなのに、アクション初心者の古谷敏を起用することがいかに博打《ばくち》だったか。撮り直しがきかないのだから、無理をせず古谷以外のベテランのスーツアクターにウルトラマンの中に入ってもらおうとするのが普通ではないか。

それなのに、古谷敏がウルトラマンになった。

言葉は悪くなるが、大部屋役者に務まるほどウルトラマンに求められる演技力、表現力は甘くはない。円谷英二にしても、そんなことは十分に承知のはずで、それでもなお、古谷敏が選ばれたのはなぜだったのか。

ココが定説を覆す新説の扉の入口だ。

結果的に、この対談を通し、なぜウルトラマンは古谷敏だったのかを明らかにすることができたと思っている。定説を覆し、新説までたどり着けたのである。その新説の扉の向こうには、新たな物語が始まっていた。

それは演じることに夢を馳《は》せた、ひとりの青年の真摯な成長物語――。

これこそが最後に残されたピースの正体。

その最後のピースの正体を鮮やかに浮かび上がらせたのは、小学校2年生のときに観た『ウルトラマン』に衝撃を受け、心奪われ、今でも奪われ続けている4コマ漫画の大家、やくみつる。

自分の趣味の範囲においては他の追随を許さぬ、このマニアック・キングな男抜きには『ウルトラマン不滅の10大決戦』は成立し得なかったと言ってもよい。

ご存じのように、やくみつるは大の相撲ファンであり、格闘技に関する知識も十分に広く深い。やくだからこそ、ウルトラマンが怪獣に対して幻の相撲技〝居反り〟を繰り出していたと指摘できたのだ。このような指摘、これまで誰もしてこなかった。

それともうひとつ、やくの聞き上手も今回の対談で発揮されている。やくの聞き出しの上手さはCSフジテレビONEの『大相撲いぶし銀列伝』を観ればよくわかる。やくは、レジェンド力士を招いて自身の取組のベスト10を解説させる『大相撲いぶし銀列伝』において、的確な質問と取組の疑問などをさりげなくツッコミ、口下手な親方たちから貴重な証言を引き出している。そのツッコミはもはや名人芸で、インタビュアー泣かせと評判の口が重たい親方であっても、スッと相手の懐に滑り込み、心情を吐露させてきたのだ。

今回もまた、やくの名人芸は、古谷敏に対しても発揮され、数多くの希少な証言を引き出した。例えば、古谷が幼少の頃、昆虫好きの少年で、生き物を殺すことを否定してきたこと。その切なる想いが怪獣を殺さずに完結させるヒドラやウーの物語の制作に繋がったことを明らかにしている。

結果的に、古谷敏とやくみつるの刺激的な語り合いは『ウルトラマン』の本質を違った角度から掘り起こすことに成功した。その違った角度とは、円谷英二を筆頭に奮闘した制作陣の熱きこだわりだ。やくの巧みな導きにより、古谷の口から語られた当時の制作陣の気骨は胸を熱くさせる。世間や映画関係者の「どうせジャリ番組だろ」という蔑みをはね返すべく、危険な爆発シーンなどに挑み、単なる正義と悪の二元論ではない、ストーリー作りを展開させた。

古谷が言う。

「例えば、交通戦争の悲劇を描いた『恐怖のルート87』。スペシウム光線でヒドラを倒したって交通事故はなくならない。では、経済の成長とともに、僕たちが考えていかなければいけないのはなんだったのか――」

このような問いかけが、『ウルトラマン』のシリーズにちりばめられているからこそ、50年以上も語り続けられる作品に昇華したのだと思う。

ザンボラー戦で提示した環境問題、ガボラ戦で突きつけたエネルギー問題、ガマクジラ戦で揶揄《やゆ》した人間の欲望の愚かさ、メフィラス星人戦で胸をえぐられた心の誠実さの持続性。それらはすべて『ウルトラマン』という子供向け番組によって投げつけられ、令和の時代になってもいまだ解決されていない。

考えてみれば、今回の『ウルトラマン不滅の10大決戦』により、ふたつのピースが埋められ、ようやく書籍による『ウルトラマン』の世界はコンプリートされたと思うが、この作品が提示してきた数々の問題は答えが見つからず続いている。

実は、ウルトラマンはまだ、人間が抱え込んでいる悪《あ》しき欲望と戦い続けているのかもしれない。

昭和の戦いは終わっちゃいないのだ。

そして、再び戦いの場は時空を超え、令和の時代の『シン・ウルトラマン』へと引き継がれていく――。

佐々木徹

本書はウェブサイト「集英社新書プラス」で２０２０年9月から２０２１年1月にかけて連載された「ウルトラマン不滅の10大決戦　完全解説」を元に、加筆・修正したものです。

章扉デザイン・レイアウト／ＭＯＴＨＥＲ
写真（古谷氏・やく氏）／五十嵐和博
素材協力／円谷プロ

古谷 敏（ふるや さとし）

俳優。『ウルトラQ』の怪獣役で見せたスタイルの良さが評判を呼び、ウルトラマンのスーツアクターに抜擢。

やくみつる

漫画家。小学二年時に『ウルトラマン』を観て以来の大ファンで、大相撲同様のマニアック・キングぶりを誇る。

佐々木徹（ささき とおる）

ライター。週刊誌等でプロレス、音楽の記事を主に執筆。特撮ヒーローもの、格闘技などに詳しく、今回の対談司会を担当。

完全解説《かんぜんかいせつ》　ウルトラマン不滅《ふめつ》の10大決戦《だいけっせん》

集英社新書一〇七七F

二〇二一年七月二一日　第一刷発行

著者……古谷《ふるや》 敏《さとし》／やくみつる／佐々木《ささき》徹《とおる》

発行者……樋口尚也

発行所……株式会社集英社

東京都千代田区一ツ橋二-五-一〇　郵便番号一〇一-八〇五〇

電話　〇三-三二三〇-六三九一（編集部）
〇三-三二三〇-六〇八〇（読者係）
〇三-三二三〇-六三九三（販売部）書店専用

装幀……原 研哉

印刷所……大日本印刷株式会社　凸版印刷株式会社

製本所……加藤製本株式会社

定価はカバーに表示してあります。

ISBN 978-4-08-721177-1 C0274

Printed in Japan

a pilot of wisdom

集英社新書　好評既刊

MotoGP　最速ライダーの肖像
西村 章　1064-H
モーターレーシングの最高峰、MotoGP。命懸けのレースに参戦した一二人のライダーの姿を描きだす。

スポーツする人の栄養・食事学
樋口 満　1065-I
「スポーツ栄養学」の観点から、より良い結果を出すための栄養・食事術をQ&A形式で解説する。

職業としてのシネマ
髙野てるみ　1066-F
ミニシアター・ブームをつくりあげた立役者の一人である著者が、映画業界の仕事の裏側を伝える。

免疫入門　最強の基礎知識
遠山祐司　1067-I
免疫にまつわる疑問をQ&A形式でわかりやすく解説。基本情報から最新情報までを網羅する。

世界の凋落を見つめて　クロニクル2011-2020
四方田犬彦　1068-B
東日本大震災・原発事故の二〇一一年からコロナ禍の二〇二〇年までを記録した「激動の時代」のコラム集。

ある北朝鮮テロリストの生と死　証言・ラングーン事件
羅鍾一／永野慎一郎・訳　1069-N〈ノンフィクション〉
全斗煥韓国大統領を狙った「ラングーン事件」実行犯の証言から、事件の全貌と南北関係の矛盾に迫る。

「自由」の危機――息苦しさの正体
藤原辰史／内田 樹 他　1070-B
二六名の論者たちが「自由」について考察し、理不尽な権力の介入に対して異議申し立てを行う。

リニア新幹線と南海トラフ巨大地震　「超広域大震災」にどう備えるか
石橋克彦　1071-G
活断層の密集地帯を走るリニア中央新幹線がもたらす危険性を地震学の知見から警告する。

演劇入門　生きることは演じること
鴻上尚史　1072-F
演劇は「同調圧力」を跳ね返す技術になりうる。他者とともに生きる感性を育てる方法を説く指南書。

落合博満論
ねじめ正一　1073-H
天才打者にして名監督、魅力の淵源はどこにあるのか？　理由を知るため、作家が落合の諸相を訪ね歩く。